Anonymous

Künstler-Monographien

Anonymous

Künstler-Monographien

ISBN/EAN: 9783743626430

Hergestellt in Europa, USA, Kanada, Australien, Japan

Cover: Foto ©Thomas Meinert / pixelio.de

Weitere Bücher finden Sie auf **www.hansebooks.com**

Liebhaber-Ausgaben

Künstler-Monographien

In Verbindung mit Anderen herausgegeben

von

H. Knackfuß

XCII

Die Kleinmeister

Bielefeld und Leipzig
Verlag von Velhagen & Klasing
1908

Die Kleinmeister

Von

Hans Wolfgang Singer

Mit 114 Abbildungen

Bielefeld und Leipzig
Verlag von Velhagen & Klasing
1908

Von diesem Werke ist für Liebhaber und Freunde besonders luxuriös ausgestatteter Bücher außer der vorliegenden Ausgabe

eine numerierte Ausgabe

veranstaltet, von der nur 12 Exemplare auf Extra-Kunstdruckpapier hergestellt sind. Jedes Exemplar ist in der Presse sorgfältig numeriert (von 1—12) und in einen reichen Ganzlederband gebunden. Der Preis eines solchen Exemplars beträgt 20 M. Ein Nachdruck dieser Ausgabe, auf welche jede Buchhandlung Bestellungen annimmt, wird nicht veranstaltet.

Die Verlagshandlung

Druck von Fischer & Wittig in Leipzig

Barthel Beham: Die Madonna im Fenster. B. 8 (Zu Seite 30)

Die Kleinmeister

„Kleinmeister" ist ein Name, eine ganz bestimmte Bezeichnung, und doch mutet es uns fast wie ein Begriff an. Das Wort erweckt in uns die Vorstellung von kleinen, minder bedeutenden Meistern gegenüber den ganz Großen der Kunst. Aber auch ganz im Gegensatz hierzu, besonders wenn wir den Ausdruck in der Gestalt des Beiwortes „kleinmeisterlich" gebrauchen, verbinden wir damit den Gedanken an den Künstler, der selbst im kleinen meisterlich ist, dessen künstlerischer Ernst sich auch bei der Ausführung von weniger wichtigen Vorwürfen bewährt.

Tatsächlich gilt „Kleinmeister" nur als Benennung für eine Gruppe von Künstlern des sechzehnten Jahrhunderts. Deren Mitglieder weisen untereinander die größten Verschiedenheiten auf, sie verteilen sich sogar auf mehrere Völker. Man zählt sowohl Maler, als Architekten und Kunstgewerbler darunter. Sie haben sich aber sämtlich auch als Kupferstecher betätigt und auf diesem Kunstgebiet ist es, daß sich das verbindende Band unter ihnen finden läßt. Das Format ihrer sämtlichen Arbeiten ist ein kleines. Aus diesem Umstande leitete man die Möglichkeit ab, sie zu einer Gruppe zu vereinigen, der man jenen „redenden" Namen gab. Den Anreiz dazu, sowohl diese Gruppe auszusondern als ihr diesen Namen beizulegen, gab die Erkenntnis, daß die geistige, kulturelle und ästhetische Bedeutung dieser Blätter ganz außer allem Verhältnis zu deren Format steht. Was jene Meister mit ihren kleinen Blättchen erstrebt und erreicht haben, haben andere Zeitalter mit einem ungeheueren Aufwand an monumental gestalteten Werken zu leisten gesucht und oft haben sie es noch nicht einmal so gut bezwungen.

Während der ersten Hälfte des fünfzehnten Jahrhunderts bestanden Holzschnitte und Kupferstiche nördlich der Alpen eigentlich nur als Mittel bestimmter Zweckanwendungen. Man besaß Heiligenbilder und Spielkarten; das war so ziemlich alles. Die einen sollten lediglich kirchliche Zwecke fördern; sie sind gewissermaßen nur die Stichworte, die dem Menschen auf die Frömmigkeit, gerade wie einem Schauspieler auf seine Rolle, bringen sollten. Die anderen bienten einer stark entgegengesetzten, weltlichen Unterhaltung. Man bediente sich beider — um es sehr drastisch hinzustellen — hauptsächlich weil sie knapper und schneller faßbar als das geschriebene Wort waren. An und für sich aber galt diese Kunst nichts und erst im Laufe des Jahrhunderts bildete sie sich in ihren Leistungen zu einem Ding aus, das seinen Zweck in sich selbst und nicht in der Nutzanwendung hatte.

Sobald erst einmal das gedruckte Heiligenbild um seiner eigenen Schönheit willen, und nicht nur wegen des nützlichen Gebrauchs, den man daraus erzielen kann, geschätzt wurde, war es zum ästhetischen Kunstwerk geworden. Hatte man dem Kunstwerke den Weg geebnet, hatte man die Begierde nach graphischer Kunst erst einmal erweckt, so konnte man den Stoffkreis leicht und schnell erweitern.

Im Verlaufe des fünfzehnten Jahrhunderts entwickelt sich die Kunst auch im gedruckten Bild zur Selbständigkeit und großen Bedeutung. Sie entschlüpft nicht nur der

Abb. 1. Barthel Beham: Madonna. B. 7.
(Zu Seite 28.)

Vormundschaft der Kirche, sie schwingt sich mit kühnem Sprung auf ein hohes Piedestal. Gerade die Wende des Jahrhunderts, welche es erlebt, daß geistig hochstehende Männer sich ihrer als Ausdrucksmittel bedienen, bezeichnet auch einen wichtigen Wendepunkt in der Geschichte der nordischen Kunst überhaupt.

Für uns steht im Mittelpunkt dieser überaus bedeutungsvollen Periode der gewaltige Albrecht Dürer. Hat er auch einige wichtige und treffliche Vorläufer, die bereits das waren, was wir Persönlichkeiten nennen, so ist doch eigentlich er der erste, der der Kunst zum wirklichen Adelsfreibrief verhilft. Vordem galt sie wohl immer noch als eine Art Gewerbe. Durch sein Lebenswerk aber war sie mit einemmal zu jener Höhe emporgeschnellt worden, daß die Menschheit sie in eine Linie mit den höchsten Betätigungen des menschlichen Geistes stellte. Von Dürer an galt der große Künstler dem großen Denker, dem großen Politiker, dem großen Feldherrn gleich. Damit hatte er das abgeschlossen, was sich seit hundert Jahren etwa vorbereitet hatte. Aber nebenbei hatte er auch eine Bewegung eröffnet, stand er auch am Beginn einer Entwicklung. Dem Blick, der nur auf die großen Marksteine der Geschichte gerichtet ist, erscheint Dürer auch als der erste, der das Wiederaufleben der Antike in die deutsche Kunst eingeführt hat. Er ist der letzte Gotiker, zugleich aber auch der erste Renaissancemeister Deutschlands.

Dasjenige, was Dürer hierbei als einzelner nur angebahnt, als Genie, das er war, allerdings schon kräftig gefördert hatte, haben nun die Kleinmeister zur Vollendung gebracht. Darin liegt ihre kulturgeschichtlich ungeheuer bedeutsame Leistung.

Nebenher sei bemerkt, daß sie natürlich alle sich auch auf anderen Gebieten, namentlich der Öl- und Miniaturmalerei sowie dem Holzschnitt betätigt haben. In diesem Buche wollen wir aber nur die eine Seite ihres Schaffens, die Kupfersticharbeiten, betrachten, vermöge derer wir sie überhaupt zusammengruppieren dürften.

Hatte Dürer damals für die geistige Blüte der Welt, für die oberen Zehntausend die Würde der Kunst festgestellt, so nahmen ihm die Nachfolger diese Vermittelungsrolle für die Masse des Volkes ab. Jener Masse mußte man zunächst ja überhaupt erst beibringen, was solch ein Ding, wie graphische Kunst, sei, und daß dieses Ding auch im Leben des Volkes einen wichtigen Ausschlag geben könne. Diese Art Kunst selbst mußte eingeführt, verbreitet werden, und so dem Volke in der einzig überzeugenden Weise, nämlich durch Hingabe des Beispiels, die Notwendigkeit sich mit schönen Sachen zu umgeben, nahegelegt werden. Man konnte es zu späteren Zeiten, selbst in unseren Tagen, erleben, wie alles Theoretisieren, wie namentlich das Predigen mit schönen Worten, wie die Erziehung zur Kunst' ganz zwecklos und vorbeigelungen ist. Damit stört man größere Massen kaum aus ihrer

Abb. 2 Barthel Beham:
Der heilige Christophorus. B. 10.
(Zu Seite 31.)

Ruhe heraus, geschweige denn daß dieses schulmeisterliche Vorgehen Wünsche nach Kunst erweckte, die befriedigt sein wollen. Bietet einfach das Kunstwerk in so reicher Menge und in erreichbarer Gestalt dem Volke an, dann wird es schon danach greifen, ohne von Kunstpredigern dazu überredet werden zu müssen. Die Kleinmeister setzten ihren Zeitgenossen eine großartige Fülle von Werken vor, die gierig aufgenommen wurden. Da das Volk selbst an diesen Werken noch nicht mitbestimmend tätig war und da es sich beinahe noch um den Anfang einer Kunstübung handelte, waren die Erzeugnisse durch Stilreinheit ausgezeichnet. Wenn irgendeine Technik, also zum Beispiel der Kupferstich, neu ins Leben tritt, so lassen sich die ersten Vertreter naturgemäß ganz von dem Charakter ihres Arbeitsmaterials, ihres Werkzeugs, leiten. Sie haben keine vorgefaßte Meinung und hantieren mit Kupferplatte und Stichel, wie es sich von selbst gibt. Ganz zuerst werden sie sich manchmal unbeholfen anstellen, aber bald bringt die Übung ein völliges Verständnis und völlige Freiheit mit sich. Leider hört damit der Werdegang nicht auf. Die immer weiter fortschreitende Übung läßt die Freiheit mit der Zeit in einen hohen Grad von Geschicklichkeit ausarten. Die übergroße Geschicklichkeit ist aber immer der Anfang des Verfalls in der Kunst. Sie verleitet dazu mit dem Werkzeug zu spielen, es nicht länger so zu handhaben wie es natürlich ist, sondern gewaltsam und willkürlich mit ihm umzugehen, einfach weil man sich freut, daß man das scheinbar Unmögliche überwindet. Darüber geht das reine Stilgefühl verloren, sowie es auch verloren geht zu Zeiten, in denen das Volk, die Nichtkünstler, aus gedanklichen Erwägungen bestimmend in die Gestaltung des Kunstwerkes einzugreifen suchen.

Die Zeit der Kleinmeister war also von diesem Gesichtspunkte die denkbar glücklichste, denn die Wechselbeziehungen zwischen Künstlern und Publikum waren so günstige. Dieses hinderte jene in keiner Weise, und wurde von jenen mit Werken beschenkt, die, weil sie eben infolge der glücklichen Umstände, die längste Zeit lauter schöne, stilreine waren, es auch im besten Sinne bilden konnten. Denn eben das gute Beispiel wirkt mit Bezug auf das Kunstverständnis mehr als tausend Worte, und ein Volk, das nur stilreine Werke in die Hand bekommt, braucht keine theoretischen Lehrer und Anleiter.

Mit ihren tausendfältigen Stichen erweckten die Kleinmeister gleichzeitig in ihren Zeitgenossen die Liebe an der Erfindung am Erzählen. Jedes Blatt erzählt nicht nur eine Geschichte, schildert nicht nur ein Ereignis oder eine Tat. Es wimmelt förmlich darin von Nebenepisoden; es werden von allen Seiten her Eindrücke dem Beschauer übermittelt. Und selbst bei Vorwürfen, die zunächst in ihrer Haupttendenz durch wenig Worte zu umschreiben wären, wird wenigstens die Umgebung mit einer Fülle von Einzelheiten ausgestattet — zum Beispiel das Zimmer, in dem die Begebenheit vor sich geht, oder in dem die

Abb. 3. Barthel Beham: Kampf nackter Männer. K. 16. (Zu Seite 32.)

viel blendenderen Schluß gelangt, als es jener fertigen Arbeit gegeben war. Dem Laien aber, namentlich dem krassen, der Masse des Volkes, darf man nicht mit so leichtem Geschütz kommen. Es will vor allem den Eindruck des sittlichen Ernstes haben, und daran glaubt es erst, wenn es sich überzeugen kann, daß wirkliches, nachweisliches Können vorliegt, wenn es merkt, daß der Künstler etwas mit einem Aufwand von Arbeit gelernt hat, das es selbst nicht kann. Mit Skizzen, Andeutungen — kurz, ohne ein tatsächliches, auf saurem Fleiß fußendes, Können — hätten die Kleinmeister bei dem Volk nichts ausrichten können.

Vielleicht am meisten betonen möchte man jedoch die Bedeutung, die die Kleinmeister für die Verbreitung der Bildung hatten. Nur in ganz geringem Maße bezieht sich der Satz auf dasjenige, was wir Gemütsbildung nennen, wie wir noch später des näheren erfahren werden. Es ist geradezu merkwürdig, wie die Kunst der Kleinmeister seelische Konflikte meldet oder solche Begebenheiten, bei denen sie doch eine ausschlaggebende Rolle spielen, in einer nüchternen Auffassung schildert. Was die Menschen innerlich erleben in den manchmal oft verzweifelten Lagen, die diese Künstler sich zum Vorwurf genommen haben, interessiert sie nicht. Mit dem Ausdruck des Gesichtes mühen sich die Kleinmeister sehr wenig ab. Weit mehr fesselt sie schon die äußerliche Handlung der Menschen. Aber in der Hauptsache beschränken sie sich auch hier darauf, die Situation in ihren Grundzügen festzuhalten, wie einer, der mit einer Klasse vor der Prüfung alles Gelernte noch einmal schnell durchnimmt, und jede Einzelheit nur mit einem charakteristischen Schlagwort in die Erinnerung zurückruft.

Auch auf religiöse Bildung bezieht sich der obige Satz nicht. Überraschend wenig befassen sich die Kleinmeister mit der religiösen Historie überhaupt. Einen Grund hierzu mag der vorherige Überfluß, die eintretende Erschöpfung, abgegeben haben. Sodann traten sie auf in der Epoche, wo nicht nur der lutherische Glaube, sondern manche andere kirchliche Glauben zum Durchbruch kamen, die von verschiedentlichen Gesichtspunkten dem alten Kultus mit seiner Kunstverwertung abhold waren. Durch Aufgabe der Madonnenverehrung allein war die Kirche schon kunstärmer geworden; noch mehr durch Aufgabe der Heiligenverehrung mit dem Votivbild und Weihbildchen. Überhaupt zielte schon der lutherische Glaube auf größere Schlichtheit wenn nicht Kunstfeindschaft, auf Betonung des Ernstes wenn nicht auf Verwerfung der Heiterkeit ab. Die Künstler haben sich, als ihnen die Obrigkeit vorwarf, daß sie sich auf anstößige Darstellungen ge-

Abb. 5. Barthel Beham: Kampf nackter Männer. B. 18. (Zu Seite 32.)

worfen hätten — es werden übrigens wohl bloß Bilder von nackten Schönen gewesen sein —, direkt darauf bezogen, daß ihnen die Heiligenbilder ja nicht mehr abgekauft würden. Gerade die Mehrzahl der Kleinmeister lebte in Gegenden, wo sie von dem Umschwung der Gesinnung mit Bezug auf kirchliche Kunst betroffen sein mußten. So wundert es uns auch nicht, daß wir nur äußerst selten dem tiefangelegten Meister begegnen, den es drängte, das Alte, Ewige in ein neues Gefäß zu gießen, statt des bloßen Andachtsbildchens ein Werk zu bieten, in dem sich die biblische Erzählung mit seinem inneren Erlebnis verquickte.

Aber die rein äußerliche Bildung, die Verbreitung von geschichtlichem und literarischem Wissen, das war die Tat der Kleinmeister. Geradezu einen Nachrichtendienst, eine Schule haben sie ersetzt zu jener Zeit, als das gewohnheitsmäßige Lesen immer noch Sache eines Standes war. Auf kein Gebiet erstreckte sich ihre Leistung so sehr, wie auf die Antike.

Dürer selbst hatte von den Schätzen der Antike eigentlich nur gekostet. Wir dürfen wohl annehmen, daß er das meiste, was er von ihr in Erfahrung gebracht hatte, durch die italienische Kunst und durch die gesprochenen Mitteilungen seiner gelehrten Freunde in Nürnberg entgegennahm. Ein eigentliches Studium hat er nicht betrieben. Er hat schließlich nicht die Hälfte, wohl nicht ein Drittel von dem gewußt, was heute jedem Sekundaner geläufig ist; und auch das wenige hat er nicht immer erfassen können. An einer Stelle schreibt Dürer von seinen Kupferstichen und erwähnt den „Herkules". Wir besitzen alle Dürerischen Stiche — es liegt nicht der Schatten von einem Grund vor, anzunehmen, daß uns einer verloren gegangen wäre —, und doch können wir dieses Blatt nicht herausfinden! Dabei haben wir uns nicht einmal mit allen 104 Dürerischen Stichen zu beschäftigen, sondern wir brauchen bloß unter denen großen Formats zu suchen, weil Dürer von ihm als von einem „Ganzbogen" spricht. Aber die betreffende Heraklesepisode hat Dürer ebensowenig erfaßt, daß wir sie in seiner Darstellung durchaus nicht als zur Heraklessage gehörend, wiedererkennen können.

Abb. 6. Barthel Beham: Der Geizhals.
K. 38. (Zu Seite 54.)

Manche andere Blätter Dürers, z. B. die sogenannte „Eifersucht", sind aller Wahrscheinlichkeit nach ebenfalls der antiken Mythe entnommen; aber wir können sie nicht bestimmen. So neu war damals dieses Stoffgebiet, so gering die allgemeine Kenntnis mit Bezug darauf, daß die rein äußerlichen Formen bis zur Unkenntlichkeit mißstaltet werden konnten.

Während der Jahre jedoch, die zwischen dem Nachlassen von Dürers Kraft und dem Zenit der Kleinmeister lagen, war die Antike das geistige Eigentum der gebildeten Welt geworden. Durch die Kleinmeister selbst, darf man sagen, ging dieses Eigentum an die gesamte Welt über. Was sie selbst gelernt hatten, gaben sie im einzelnen in der allerleichtesten Form ab. Denn ihre Lehre bot sich nicht so sehr dem Verstand zur Aufnahme dar, als dem allerempfänglichsten, allerkräftigsten Sinn, dem Gesicht. Weil wir es von Kindesbeinen erzählt bekommen, wissen wir heute alles von Hellas und Rom, von den Göttern und Mythen, selbst wenn wir auf unser eigenes Vorstellungsvermögen angewiesen sind. Den großen Kindern des sechzehnten Jahrhunderts wäre mit Worten, mit Beschreibungen wenig gedient, da sie so ganz Ungewohntes begrifflich nicht erfassen hätten können. Aber als die Kleinmeister im Rahmen des Bildchens ihnen vorführten, was seitenlange Erörterungen nicht ebenso scharf umschreiben könnten, da wurden ihnen Jupiter und Juno mit ihrem Olymp, die Liebeleien der Venus, des Herkules mächtige Taten, die Begebenheiten im alten Rom, als sich Männermut in der großartigsten Weise offenbarte, Frauengeist klug überlistete, und Kindesliebe in rührender Weise den Sieg davontrug, und noch vieles andere mehr, klar.

Auch die Begriffsgaukelei der Humanisten, die so gern das neugewonnene Wissen verwerten wollten und die eine Anwendung auf spätere Zeitalter zu bringen suchten, spiegelt sich im Werk der Kleinmeister wider. Allegorien und emblematische Stücke sind wie tägliches Brot bei ihnen. Die Tugenden und die Laster werden schematisiert und aufgereiht, und sie werden nun in mehr oder weniger sinniger Weise personifiziert. Die Kräfte des Weltgetriebes werden vielleicht geahnt, kaum aber begriffen; jedenfalls müssen sie gedeutet und geistig gefesselt werden, und so müssen auch die Planeten sich eine Verbildlichung gefallen lassen, die an Stelle des Gedankens ein leeres Wort setzt. Aber es gibt ein gutes Bild, wenn auf diese Art der Jupiter, die Venus, die anderen Sterne, die Jahreszeiten, die Zeit selbst, und was weiß ich noch, in menschlicher Gestalt vor uns

Abb. 7. Barthel Beham: Die drei Soldaten. B. 50. (Zu Seite 35.)

einhertreten. Auch von dieser Seite her wurde die Menschheit abgeleitet von der realistischen Auffassung des Lebens, von dem Untergang im Alltäglichen, und so hat schließlich jener spröde Allegorienkram auch sein Gutes. Für die Künstler, nebenbei bemerkt, sprang dasselbe wie bei der Beschäftigung mit der Antike dabei heraus: sie erlernten den Akt.

Aber auch jetzt fehlt immer noch ein wichtiger Punkt und ich habe immer noch nicht etwa alle die Richtungen angedeutet, in denen das Eingreifen der Kleinmeister von großem Gewicht für die Kultur war. Sie pflegten noch eine Beziehung zum praktischen Leben in nutzbringender Weise; sie boten in einem Teil ihres Schaffens nicht ein fertiges, zum Abschluß geführtes Objekt, sondern ein prägnantes, weiterschaffendes dar, nämlich den Ornamentstich. In der Ornamentkunst hängen die Kleinmeister nicht mit

Abb. 8. Barthel Beham: Der Hellebardier zu Pferd. B. 49. (Zu Seite 35.)

Dürer oder den anderen Deutschen der Renaissance zusammen: sie fangen vielmehr von vorn an und knüpfen wieder an die italienischen Renaissancekünstler an. Zunächst geben sie die Einzelverzierungen wieder, die sie von dort kennen lernten. Aber die Anregung fiel auf fruchtbaren Boden bei ihnen, und sie gaben zu dem entliehenen Maß ein reichliches zweites, das ihrer eigenen Phantasie die Entstehung verdankte. Die zahllosen Ornamentstiche der Kleinmeister sind als Vorlagen für mannigfaltige Gewerbe, besonders für die Goldschmiede, gedacht.

Von den Italienern unterscheiden die Kleinmeister sich dadurch, daß sie meist auf einem dunklen Grund zeichnen. Architekturmotive und Möbel kommen nicht vor, auch nur ganz wenige Gefäße (Pokale und Vasen), sowie ein paar verschwindende Geräte (Löffel, Bestecke und Schnallen). Das eigentliche Ornamentstück ist die auf die italienische Pilasterfüllung zurückgehende Hoch- oder Querfüllung, die für den Goldschmied als zu verwendende Vorlage entworfen wird, und höchstens bei Dolchscheiden gleich angewandt dargeboten wird.

Die Grundlagen dieser Füllungen sind sehr einseitig. Bandwerk, Rollwerk, Mauresle, Knotenwerk bleiben unbenutzt. Die Kleinmeister arbeiten nur mit der „Groteske", der Verbindung von Menschen- oder Tierteilen mit Rankenwerk, und stellen höchstens hier und da Masken oder Vasen an Stelle des tierischen Bestandteils. Während bei den Tierbildungen ziemliches Naturgefühl vorwiegt, sind die pflanzlichen Bestandteile rein stilistisch schematisiert. Zuerst findet man wohl noch Anklänge an das Akanthus-, später noch losere an das Feigenblatt. Aber, in steter Berührung mit dem technischen

Abb. 9. Barthel Beham: Kaiser Karl V. H. 60. (Zu Seite 37.)

Handwerkszeug verbleibend (des Goldschmiedes, für das sie Vorlagen schufen), mußte es von selbst kommen, daß diese Meister bald ein rein theoretisches Blattgebilde zeichneten, das eben der Form entsprach, die sich beim Hantieren mit Goldschmiedshandwerkszeug leicht von selbst ergibt.

Interessant ist es nun zu verfolgen, wie das Ornament freier ausfiel, je mehr sich die Verbindung zwischen Stecher und Goldschmied lockerte. Wir sind berechtigt, anzunehmen, daß mit jedem Jahrzehnt der Stecher, der ursprünglich ein und dieselbe Person mit dem Goldschmied war, sich von diesem mehr und mehr trennte. So finden wir auch, daß die früheren Kleinmeister, die Nürnberger, sich noch streng an die Traditionen der Goldschmiedekunst hielten. Die späteren aber, vor allem Aldegrever, bewegen

Abb. 10 Barthel Beham: Kaiser Ferdinand I. B. 61. (Zu Seite 34).

sich schon viel ungebundener. Dieser nimmt lange nicht mehr die Rücksicht auf das Werkzeug, kann also daher seiner Phantasie weit freieren Lauf lassen. Darüber hinaus hat er sich nicht nur von dem technisch, sondern auch dem geistig Überlieferten unabhängig gemacht und sogar die Unsymmetrie in die Ornamentik eingeführt.

Dürers Name ist schon als geistiger Vorläufer der Kleinmeister genannt worden, und in Dürers Vaterstadt, in Nürnberg, haben wir auch die erste und vielleicht wichtigste Gruppe unter den Kleinmeistern zu suchen. Sie besteht aus vier Köpfen: den Gebrüdern Sebald und Barthel Beham, dem Georg Pencz und einem Künstler, dessen Namen wir nicht, dessen Initialen wir aber kennen, und den wir daher bloß den Monogrammisten I B nennen können. Von Jörg Pencz wissen wir mit ziemlicher Bestimmtheit, daß er in Dürers Werkstatt gearbeitet hat, und ganz sicher, daß er einen Anteil hatte an der Ausmalung des Nürnberger Rathaussaales nach den Entwürfen Dürers. Aber auch die Behams standen aller Wahrscheinlichkeit nach in unmittelbarer Beziehung zu Dürer. Wir können sie zwar nicht urkundlich als dessen Schüler nachweisen, nur durch das Aussehen einiger ihrer frühesten Werke, namentlich einiger Stiche des Sebald, die so sehr im Geist und in der Technik mit Dürer übereinstimmen, daß wir kaum damit auskommen, wenn wir weiter nichts annehmen wollten, als daß diese Künstler allgemein genommen von ihm beeinflußt worden sind.

Pencz wurde um 1500 in Nürnberg, Sebald Beham in diesem Jahr ebenda geboren, und Barthel war zwei Jahre jünger als sein Bruder. Eine alte Tradition verbindet den ersten und letzten der drei mit einem später noch zu behandelnden Meister, mit Jakob Bind, in bezug auf ihr weiteres Studium. Sie sollen alle in Italien gewesen sein, und dort in Rom bei Marc Anton in der Raffaelschule gelernt haben. Sie sollen dort sogar ihre bessere Stichtechnik eingetauscht haben gegen die freiere Zeichenkunst der Italiener, und gelegentlich werden einige Arbeiten, die der Marcantonschule zugeteilt werden, dem einen oder anderen von ihnen gutgeschrieben. Alles dies ist sehr zweifelhaft. Man hat die italienischen Merkmale in den Arbeiten dieser Meister erkannt und daraus rückgeschlossen auf italienische Studienjahre. Daß diese aber tatsächlich in die eigentliche Lehrlingszeit gefallen sind, ist nicht erwiesen, und es steht noch nicht einmal fest, ob sie wenigstens ihre ersten Studien nicht überhaupt bloß an italienischen Vorbildern gemacht haben, die sie in der Heimat erhielten.

Selten genug trifft der Fall ein, daß wir über die Lebensschicksale irgendeines der Meister, die zu den Kleinmeistern gehören, etwas Näheres oder gar wirklich Intimes hören. Wir kennen sie fast nur durch ihre Werke, und bei vielen hat die allerjüngste Zeit erst die äußerlichen Lebensdaten der Geburt, des Todes und des Aufenthaltes festgestellt. Für eine große Zahl unter diesen Künstlern ist es uns nicht einmal möglich, diese wenigen Angaben mit völliger Bestimmtheit zu machen.

Abb. 11. Monogrammist I B: Marcus Curtius. H. N. (Zu Seite 81.)

Um so mehr muß es uns daher reizen, Nachrichten nachzugehen, die uns wenigstens einmal einen schärferen Einblick in das Leben und die Verhältnisse jener Zeit gestatten. Wir besitzen solche zufällig gerade mit Bezug auf die drei wichtigsten unserer Künstlergruppe, auf die Gebrüder Beham und Jörg Pencz nämlich, und zu allem Überfluß treten die drei darin als Charaktere auf, deren Treiben zu verfolgen unter allen Umständen interessant wäre.

Das erste Viertel des sechzehnten Jahrhunderts war nicht nur die aufregende Zeit Luthers, sondern auch diejenige, in der sich selbst innerhalb des katholischen Ritus wichtige Neuerungen einbürgerten und die ein ungeahntes Interesse des allgemeinen Volkes an religiösen Fragen erlebte. Nürnberg war bekanntlich von allem Anfang der neuen Richtung geneigt gewesen und man überantwortete sich hier bald der evangelischen Freiheit. Zugleich war damit aber, angesichts der damaligen Erregtheit, der Raum für religiöse Schwärmerei geschaffen. Bauernprediger erstanden, sogar Frauen traten in Kirchen auf die Kanzel und der Stadtrat hatte seine liebe Not, nachdem er die Neuerungen zugelassen hatte, die Ausschreitungen einzudämmen. Der Schritt vom Anzweifeln der Kirche hinüber zum Anzweifeln des Glaubens überhaupt war ja leicht und naheliegend genug.

Am meisten Unbill scheint dem Rat durch Karlstadt verursacht worden zu sein, der merkwürdig viel Anklang bei den Malern gefunden hatte; war doch eine seiner Schriften von ihm niemand geringerem als „seinem geliebten Gönner" Albrecht Dürer zugeeignet worden. Vor dem Rat hatten sich unter anderem ein Maler Hans Greiffenberger (heute eigentlich nur noch als Laienschriftsteller über kirchliche Angelegenheiten bekannt) wegen Karlstadtschwärmerei zu verantworten, der schließlich revozierte und dem es noch glimpflich erging.

Abb. 12 Monogrammist I B: Planet Luna. B. 17. (Zu Seite 39.)

Ihm folgte ein gewisser Hans Platner und andere. Die Bewegung ist sicherlich zum Teil darauf zurückzuführen, daß nach der neuen Lehre die heiligen Darstellungen nichts mehr gelten sollten und daher die Künstler sich in ihrer Lebensstellung gefährdet sahen.

Der Mittelpunkt des aufrührerischen Kreises scheint dann der Lehrer an der Sebaldusschule, Hans Denck, geworden zu sein, der dem Rat besonders gefährlich erscheinen mußte, da in ihm nicht nur der Geist der Verneinung auftrat, sondern eine verführerische Mystik. Zu gleicher Zeit als der Rat ihn vorführen ließ, also am Anfang Januar 1525, erhielt er Kunde davon, daß sich „zwei Malergesellen" als Ketzer gezeigt hätten. Die sofort angestellte Untersuchung ergab, daß es eigentlich deren drei gab, denn zu den beiden, den Gebrüdern Beham nämlich, hatte sich noch Jörg Pencz gesellt. Später wurde unter anderem noch Ludwig Krug in die Angelegenheit verwickelt. Während er sich aber, wohl durch Revozierung, wieder freimachte, ging eine längere Untersuchung gegen die drei, die bald nur noch „die drei gottlosen Maler" genannt wurden, vor sich. Es gab mehrere Verhöre, und der Gang der Verhandlungen wurde dadurch unterbrochen, daß man erst den Denck aburteilte.

Das Protokoll über die Verhöre der beiden Behams und des Georg Pencz ist uns erhalten. Wie zu erwarten, gibt es uns weitgehenden Aufschluß über den Charakter der Angeklagten sowohl, als über die Zustände in Nürnberg. Daher seien die wichtigsten Punkte hier ausführlich wiedergegeben.

Sebald sagte aus, man werde nicht finden, daß er jemand durch falsche Lehren irregeführt habe, wie von mancher Seite mit großem Geschrei vorgebracht worden sei. Wahr daran sei nur, daß er allerdings manchen Gesellen, mit denen er sich über die Angelegenheiten unterhalten habe, seine eigenen Zweifel klar angezeigt habe, namentlich mit Bezug darauf, daß er es nicht glauben könne, daß wirklich nun der Leib und das Blut Christi in Gestalt von Brot und Wein gegenwärtig wäre. Er wüßte sich des nicht besser zu unterrichten, und wolle daher eben mit Geduld abwarten, bis ihn Gott erleuchte. Er habe wohl viele Predigten gehört, aber auch daraus wisse er sich nicht zu bessern. Er sei auch nicht etwa erst durch Luther irre gemacht worden, sondern schon allezeit dieser Meinung gewesen. Gleichwohl habe er sich unlängst überreden laſſen, das heilige Abendmahl zu empfangen, aber im Herzen ſei ſein Sinn doch ein anderer geweſen, und daher beſorgte er, daß er übel gehandelt haben möchte. Er weiß wohl, daß er dann auch an den anderen religiöſen Bräuchen nicht teilzunehmen habe. Über das Sakrament der Taufe wiſſe er nichts, er könne es weder ſchelten noch loben: am Waſſer liege jedenfalls nichts. Er gab nicht zu, daß er im übrigen unſchickliche Rede geführt habe, und ſei ſicher, daß man nichts derart gegen ihn vorbringen könne. Die Genoſſen, mit denen er Geſpräche über ſeinen Mangel, d. h. ſeine religiöſen Bedenken geführt habe, ſeien der Schulmeiſter von St. Sebaldus (eben der genannte Hans Dend), ſein eigener Bruder, Georg Pencz und der Sohn vom Glaſer Veit. Er bäte auch, wenn man ihn eines beſſeren belehren könne, ſo daß er ſeine Bedenken zum Schweigen bringen könne, ſo wolle er gern im Guten zuhören und alles aufnehmen.

Barthel, der jüngere Bruder, ſpricht ſich ſogar noch entſchiedener aus. Am meiſten frappiert es uns aber, daß dieſer nicht nur die Lehren der Kirche, ſondern auch des Staats und der Geſellſchaftsordnung angreift. Er ſagte aus: Er könne nicht glauben, daß in der Geſtalt des Weines und des Brotes wirklich Chriſti Leib und Blut zugegen ſei. Auch von der Taufe könne er nichts halten, und niemand vermöge ihn dazu zu bringen, zu ſagen, daß er es glaube, wenn er es ſchon äußerlich höre, aber innerlich im Herzen leugne. All das hält er für bloßen Menſchentand. Dieſe Meinung entſpringt dem Grund ſeines Herzens. Auch der Heiligen Schrift kann er nicht Glauben

Abb. 13. Monogrammiſt I B. Der Gladiatorenkampf. B. 22. (Zu Seite 89.)

ſchenken. Er habe auch mit vielen Leuten über dieſe Fragen geredet, habe auch wohl anderthalb Jahre lang des Oſianders Predigten angehört, aber damit ſei ihm nicht Genüge geſchehen. Er wiſſe wohl, wie es zugehe, — das, was die Prediger vorbringen, werde wohl von den Menſchen als Beweiſe angenommen, aber im Grunde genommen ſei es lauter Tand. Daher ſähe er auch nicht ein, daß von den Predigern ein Nutzen herkomme. Bei dieſer Meinung will er auch verweilen, bis einmal die Wahrheit komme: dazu veranlaſſen ihn ſchon die vielen Lügen der anderen.

Als ihm vorgehalten wurde, der Rat habe in Erfahrung gebracht, daß er und ſein Bruder ſich geäußert hätten, man ſolle nicht mehr arbeiten, es müſſe einmal eine allgemeine Teilung ſtattfinden, und daß ſie die Obrigkeit verachteten, ſagte Barthel: er kenne keine Obrigkeit außer Gott. Es folgen einige Sätze, die nicht recht klar ſind, wohl weil der Abſchreiber der Akten, die uns überliefert ſind, Fehler gemacht hat. Der Sinn von Behams Ausſage hier iſt wohl ungefähr dieſer: Er geſtand wohl zu, daß wenn Bruder gegen Bruder ſei, der eine das Recht habe den anderen zu beſtrafen, und jeder ſei dann Gehorſam (der Obrigkeit?) ſchuldig. (So weit alſo pflichtete er dem Recht der Geſellſchaft über den einzelnen bei.) Aber es ſtände nirgends geſchrieben, wenn dein Bruder ſündige und dir ſeine Bosheit kund gäbe, dann richte du ihn, und die Strafe ſei Hand um Hand, Auge um Auge uſw.

Über ſeinen Verkehr mit den beiden Malern wurde auch Veit Wirsperger ausgefragt und äußert ſich wie einer, der ſich auf Koſten der anderen weißwaſchen möchte. Sie ſeien übel im Glauben berichtet oder gar verhärteten Sinnes und hätten viel Umgang mit einem Pfaffen gepflogen, der schon stadtverwiesen wäre. Er selbst habe sie, brüderlicherweise, von ihrem Trachten abbringen wollen, aber der Barthel, der spräche, er erkenne Christum nicht an und wisse nichts von ihm zu sagen. Was man höre, das gälte ihm gerade soviel wie vom Herzog Ernst, von dem die Sage gehe, er sei in den Berg gefahren. Er habe auch nie den Glauben (das Glaubensbekenntnis) gelernt. Sebald sei aber nicht minder störrisch und „teufelhaftig" gewesen wie jener. Und es sei gefährlich, daß Christen, z. B. Frauen, ihrem Umgang ausgesetzt seien: denn sie machen diese auch so wankelmütig, daß sie nicht wüßten wo ein, wo aus. Beide Brüder machten sich auch mit des Münzers und Karlstadts Büchern zu schaffen. Sie haben auch einen Lehrling bei sich, den Sohn des Meisters Sebald (Baumhauer), Kirchners. Es wäre wohl angebracht, daß man ihnen diesen wegnehme und daß ein jeder Christ sie meide.

Abb. 14. Monogrammist I B: Der Dudelsackpfeifer. B. 36. (Zu Seite 10.)

Endlich habe er wohl von beiden Gebrüdern gehört, es sei nichts mit der Obrigkeit, die werde schon mit der Zeit in Trümmer gehen. Gerade wie sie das gemeint haben, wisse er nicht, er habe sie aber doch deshalb gescholten; denn St. Paulus habe sie das nicht gelehrt.

Wichtig und unerhört war nun die angebliche Leugnung Christi: Was daran sei, mußte natürlich umgehend herausgebracht werden. Ein zweites Verhör, das in der Folterkammer (Kapelle genannt), aber ohne Anwendung der Folter vorgenommen wurde, stellte zunächst als Mitschuldige diesen Sebald (Baumhauer) und Ludwig Krug fest. Ehe die drei wieder ins Gefängnis kamen, hatten sie die Bemerkung fallen lassen, sie hätten den Predigern ein Latein aufgegeben, daran sie wohl zwei Jahre zu kauen haben würden. Der Rat konnte es natürlich nicht darauf ankommen lassen, die Gelegenheit zu einer religiösen Disputation zwischen seinen fünf Predigern und den drei Arrestanten auszubauen. Er legte ihnen nun kurz und bündig sechs Fragen vor, die sich eigentlich nur knapp mit ja oder nein, ohne Umschweife, beantworten ließen.

Wir hören nun zunächst, was Pencz darauf erwiderte. Es hieß: Ob er glaube, daß es einen Gott gäbe: — Pencz: Ja, er empfinde es zum Teil, ob er aber wisse, was er wahrhaft für diesen Gott halten solle, das sei ihm nicht klar. Was er von Christus halte; er halte von Christus nichts. Ob er dem Evangelium Gottes, in der Heiligen Schrift niedergelegt, glaube; Pencz: er könne der Heiligen Schrift nicht Glauben schenken. Was er vom Sakrament des heiligen Abendmahls halte; Pencz: er halte nichts davon. Was er von der heiligen Taufe halte; Pencz: auch hiervon halte er nichts, und auf die Frage, ob er an eine weltliche Obrigkeit glaube und den Rat zu Nürnberg als seinen Herrn über Leib und Gut und was sonst äußerlich ist, anerkenne, erwiderte er, er wisse von keinem Herrn als allein von Gott. Barthel antwortete wieder schroffer mit einem

Abb. 15. Monogrammist I B: Der Marktbauer. B. 37. (Zu Seite 10.)

Ja auf die erste Frage. Von Christus hielt er nichts. Von dem Evangelium wisse er nicht ob es heilig sei. Vom Abendmahl und Taufe hält er nichts. Die Obrigkeit erkennt er nicht an. Sebald stimmte ihm zu.

Der Rat beschloß nun, nach Anhören von fünf Theologen und drei Juristen, die drei Maler aus der Stadt zu verbannen, trotzdem die Juristen sich dagegen aussprachen. Er schloß sich der sechsfachen Begründung dieser Maßregel seitens der Theologen an. Sie lautete: Erstens haben sich die drei auch nach ihrer Einziehung den nächsten und übernächsten Tag gar nicht reumütig, sondern gottlos und heidnisch gezeigt, und in einer zuvor noch nicht gehörten Weise verächtlich über alle Prediger und die weltliche Obrigkeit ausgesprochen.

Zweitens ist ihr Betragen nicht nur hier, sondern auch schon auswärts ruchbar geworden, und das Aufsehen, das sie erregt haben, ist verständlich, denn nicht Zeitliches, sondern das Seelenheil steht in Frage. Nun gäbe es in Nürnberg schon mancherlei

Abb. 16. Sebald Beham: Moses und Aaron. B. 8.

heimliche Glaubensirrungen. Würde man diese drei weiterhin hier lassen, so würden sie viele Leute finden, die sich zunächst aus Leichtsinn und Vorwitz zu ihnen begeben würden, um ihre Meinungen zu erfahren. Da dürfe man nicht etwa annehmen, daß diese drei schweigen würden: man kenne sie und wisse, daß sie hoffärtig, trotzig und über die Maßen von sich eingenommen wären. Darum täte es not, zu bedenken, welch böses Gift von ihnen noch mehr denn zuvor ausgesät werden dürfte.

Drittens sei es sehr unwahrscheinlich, daß das Gefängnis mehr als das Wort Gottes bei diesen Leuten bewirken dürfte, um sie zur Bekenntnis und Sinnesveränderung zu belehren. Im Gegenteil, nach der Freilassung wird ihr Herz nach eben demselben trachten wie zuvor. Man habe nämlich sie beim Abführen belauscht und gehört, wie der eine dem anderen zuflüsterte: „Man redet uns wohl viel vor, wenn sie es nur beweisen wollten." Darum sei nur zu befürchten, daß später noch ärgere Erfahrungen mit ihnen bevorstünden.

Viertens haben alle drei ihre Pflichten gegenüber ihren Herren (dem Rat) in dessen Beisein verneint, was ja der Schulmeister (Hans Denck) nicht einmal getan habe, der auch in seinen Meinungen sich lange nicht so gottlos wie diese drei gezeigt habe, und dem dennoch die Stadt verboten worden sei. Warum sollte man nun mit diesen dreien glimpflicher umgehen?

Fünftens seien bei der Mehrzahl der Stadtbewohner die Sache und die Person dieser drei Maler dermaßen verhaßt, daß zu befürchten sei, wenn man sie hier verweilen lasse, sie möchten umgebracht werden. So würde ein Übel das andere erzeugen und viel Ärgernis verursacht werden.

Abb. 17. Sebald Beham: Die Hochzeit zu Kana. H. 23. (Zu Seite 43.)

Endlich würde zu befürchten sein, da, wie schon gesagt, außer diesen drei noch viel andere irrende Gemüter sich in Nürnberg vorfinden, daß man nachgerade, anstatt für die Gemeinde zu predigen, jeden einzelnen vernehmen müsse, um ihn zu belehren, so daß eine unerträgliche Last für die Geistlichkeit und die weltliche Herrschaft entstehen würde. —

Wie großes Aufsehen die Angelegenheit macht, ergibt sich schon daraus, daß die Akten in Abschrift dem Luther zur Meinungsäußerung eingesandt wurden, der natürlich nicht im mindesten freimütiger als seine Nürnberger Kollegen war.

Ende Januar also mußten die drei Meister die Stadt verlassen. Sie suchten sehr bald den Widerruf des Urteils zu erlangen. Am 8. März wurde ihnen aber, durch die Mutter der Beham (?), ein abschlägiger Bescheid gegeben, und das geschah wiederum am achtzehnten des gleichen Monats, als sich der Graf Albrecht von Mansfeld für sie verwendet hatte. Später aber, am 16. November, wurde ihnen die Rückkehr wieder erlaubt. Der Propst Melchior Pfinzing hatte Fürsprache für sie geleistet. Dem Pencz war schon gestattet worden, sich in Windsheim, unweit Nürnberg, niederzulassen. 1532 wurde er sogar Ratsmaler in seiner Vaterstadt. Er soll um 1530 und nochmals 1539 in Italien gewesen sein, dann auch in Landshut gemalt haben. Zuletzt rief ihn der Herzog Albrecht von Preußen als Hofmaler nach Königsberg, wo er aber bald darauf, im Jahre 1550, gestorben sein soll. Das ist so ziemlich alles, was wir über sein äußeres Leben überliefert bekommen haben.

Sebald Beham blieb nicht in Nürnberg ansässig, wahrscheinlich weil er bald wieder mit dem Rate in Konflikt kam. Es wurde ihm 1528 vorgeworfen, er habe etwas vom Manuskript über die menschliche Proportion, das Dürer hinterlassen hatte, auf unrechtmäßige Weise an sich gebracht. Als er sein Büchelchen über die Proportionen des Pferdes drucken lassen wollte, kehrte er sich nicht an das Verbot des Rates, der ihn daraufhin wieder einstecken lassen wollte. Er entwich aber. Er war in diesen Jahren in Ingolstadt und München gewesen; durfte 1529 wieder nach Nürnberg zurück und muß sich bald nach Frankfurt a. M. und dessen Umgegend (Aschaffenburg, Mainz) gewendet haben. 1535 meldete er sich endlich dauernd ab

Abb. 18. Sebald Beham: Jesus bei Simon dem Pharisäer. H. 25. (Zu Seite 43.)

Abb. 19. Sebald Beham: Der verlorene Sohn verprasst seine Habe. B. 32.
(Zu Seite 43.)

als Bürger in Nürnberg, und verblieb nun bis zu seinem im Jahre 1550 erfolgten Tode in Frankfurt. Während der letzten zehn Jahre seines Lebens kamen aber plötzlich schlechte Zeiten über Frankfurt. Ein Interim wurde proklamiert, in dessen Verlauf die Stadt wieder fast ganz katholisch wurde. Gegen die übergreifende Sittenlosigkeit mußte von seiten des Rates energisch vorgegangen werden. Eine fast ein Jahr lang dauernde Besatzung drückte nun auf den Wohlstand der Stadt. Daß da für die Kunst nicht viel übrigblieb, ist klar, und wenn es heißt, daß Beham zuletzt nebenbei einen Weinschank eröffnete, so können wir gern glauben, daß er das tat, um seinen Lebensunterhalt fristen zu können.

Der stolzeste und unabhängigste von allen dreien, Barthel, ist vielleicht überhaupt nicht wieder nach Nürnberg zurückgekehrt. Er fand bald eine Anstellung am strengkatholischen Münchener Hof, wo ihm merkwürdigerweise seine Nürnberger Angelegenheit nichts schadete. Bis an sein Lebensende stand er in Diensten der bayerischen Herzöge Ludwig und Wilhelm, bald in Landshut, bald in München. Eine ehemalig angenommene Reise nach dem Bodensee, wo er in Meßkirch und Wildenstein gemalt haben soll, wird jetzt wieder preisgegeben, da diese Bilder zu einer Zeit gemalt sind, zu der Barthel urkundlich in Landshut und München nachweisbar ist. Sie rühren also wohl von andrer Hand

Abb. 20. Sebald Beham: Rückkehr des verlorenen Sohnes. B. 34.
(Zu Seite 43.)

her. Im herzoglichen Auftrag endlich soll er nach Italien gereist sein, wo er plötzlich, im Jahre 1540, starb.

Um nun auf die Nachrichten über das vierte Mitglied der Gruppe zu kommen, ist es selbstverständlich, daß wir über die Lebensschicksale des Meisters IB, dessen Namen wir nicht einmal kennen, nichts wissen. Man hat ihn, weil der italienische Einfluß in seinen Blättern und die geistige Verbindung zwischen ihnen und den Werken Barthel Behams klar sind, einmal mit Jakob Bink identifizieren wollen, der ja mit Barthel in Italien gewesen sein soll. Angesichts der viel schlechteren, mit Binks vollem Namen bezeichneten Blätter aber mußte man das aufgeben. Ebenso unhaltbar erscheint die hypothetische Identifizierung mit Georg Pencz. Sie beruht auf dem Umstand, daß man im sechzehnten Jahrhundert mit dem B und P wechselte, und daß wir merkwürdigerweise von Pencz datierte Blätter erst aus den vierziger Jahren besitzen. Die aus den zwanziger und dreißiger Jahren stammenden Arbeiten des IB (die Buchstaben wären somit als Jörg Pencz zu erklären) würden sie in recht erwünschter Weise ergänzen, und das auffallende Fehlen von mit GP bezeichneten Blättern aus diesen Jahren erklären. Jedoch sind die späteren Blätter nicht nur viel schlechter, sondern auch plötzlich ganz anders in der Behandlung, als die IB-Arbeiten. Nun kommt es ja vor, z. B. bei Nicolaes Maes, daß die zweite Hälfte der künstlerischen Tätigkeit eines Mannes völlig verschieden von der ersten ist. Aber der Bruch ist dann ein ganzer: eine durchaus verschiedene künstlerische Überzeugung ist über den Mann hereingebrochen,

Abb. 21 Erhard Beham: Der Raub der Helena. B. 70. (Zu Seite 14.)

und wenn wir nicht bestimmte Kenntnis vom Stand der Dinge besäßen, würde es uns wahrscheinlich gar nicht einfallen, diese ungleichen Arbeitshälften ein und demselben Menschen zuzuschreiben.

Die GP-Kupferstiche aber sind nun keinesfalls etwas ganz anderes als die IB-Blätter: Eine irgendwie wesentliche andere Kunstanschauung verraten sie nicht, nur einen wesentlich weniger feinen Geist und geringeres Feingefühl im Technischen. Wir könnten es nicht erklären, warum Pencz auf einmal das Gute, was ihn, den IB, ausgezeichnet hatte, verloren hätte.

Gegen die Identifizierung spricht noch ein Bedenken. Beide Behams haben tatsächlich, etwa um das Jahr 1530, ihre Zeichen aus BP und HSP in BB und HSB geändert, doch wohl einem Sprachgebrauch folgend. Es ist aber nicht zu verstehen, wie der Sprachgebrauch gleichzeitig genau das Entgegengesetzte herbeigeführt haben sollte und im Fall des Pencz den Übergang vom weichen IB in das harte GP veranlaßt haben sollte. — Vorderhand müssen wir uns damit begnügen, den Meister IB nur aus seinen Werken zu kennen.

Abgesehen von der einen Episode also, die in das Jahr 1525 fällt, finden wir geradezu kläglich wenig Material vor, aus dem wir eine annähernd zureichende Lebensbeschreibung dieser vier Männer zusammenstellen könnten, aus denen bic äußeren Geschicke, die ihr Dasein bestimmten und das innere Trachten, das ihr Handeln beeinflußte, zu erkennen wären. Nur über ihren künstlerischen Werdegang können wir uns einigermaßen Rechenschaft abgeben, denn eine große Anzahl ihrer Arbeiten ist mit der Jahreszahl der Entstehung versehen.

2*

20

Die frühesten Blätter des Sebald Beham, vom Jahre 1518 an, zeigen ihn ganz unter dem Einfluß Dürers befindlich. Seine Art, ein Gewand in Falten zu legen, seine Art, den Stichel mit vollendeter Sicherheit und zugleich doch einiger Gebundenheit zu führen, entspricht jener des großen Meisters. Sein Typ trägt ebenfalls jene Vorliebe für das Herbe, Charakteristische zur Schau, das uns so erscheint, als wäre die äußerliche Gefälligkeit mit einer gewissen Absicht vermieden. Auch darin spüren wir das geistige Band, daß Sebald gleichfalls seine Blätter weniger den Käufern als sich selbst zuliebe zu schaffen scheint. Die frühe Kunst seines Stichels ist nicht gerade unterhaltend im gewöhnlichen Sinne des Wortes, nicht einmal in bezug auf den Gegenstand,

Abb. 22. Sebald Beham: Trajan. H. 22.

den er sich als Vorwurf wählt. Gleich derjenigen Dürers mag man sie eher ernst nennen.

Dabei hat man bis jetzt nur eine direkte Anlehnung an Dürer nachgewiesen; ferner einige wenige an G. Andrea Lavassori, an Marcantonio Raimondi und an Altdorfer. Mit dem Jahre 1525, als Beham Nürnberg verlassen mußte, fiel natürlich auch die starke Beeinflussung durch Dürer fort. Dieses Ereignis wird überhaupt manches, was sich schon bei ihm vorbereitete, zum Durchbruch gebracht haben. Es wurde bereits oben bemerkt, daß auf einmal die Nachfrage nach kirchlichen Kupferstichen überhaupt geringer geworden war, und Behams Erfahrung mit dem Rat mag ihn nur noch mehr bestimmt haben, sich dieser abzuwenden. Er widmete sich fortan ganz und gar zwei anderen Gebieten, dem antiken Stoffkreis, wie ihn der Humanismus soeben eingeführt hatte, einschließlich des spröden allegorischen Zierates, der damit verbrämt wurde, und den Darstellungen aus dem Volksleben. Beide eröffneten wohl nicht dermaßen den Ausblick auf eine ernste Kunst im Sinne Dürers, wohl aber auf ein Eingehen auf die sinnlich wahrnehmbare Schönheit und auf eine Entfaltung des Humors.

Zweifellos erfreute die Möglichkeit, sich mit der Darstellung des nackten Menschenleibes zu beschäftigen, Sebald Beham. Bei seinem Hang zur persönlichen Freiheit mag ein ganz besonderer Reiz für ihn darin gelegen haben, weil er sich bewußt war, dabei den damaligen Philister vor den Kopf zu stoßen. Alter Überlieferung zufolge, ist ihm auch öfters der Vorwurf der Sittenlosigkeit gemacht worden, und seine Verbannung soll ihm wegen Verbreitung unzüchtiger Bilder angedroht worden sein. Es gibt eigentlich nur vier Darstellungen (darunter eine Kopie nach Barthel) unter seinen Stichen, auf die sich das beziehen könnte; „Ammon und Thamar", „Die Nacht", „Die Stund' ist aus" und das sogenannte „Schamlose Paar". Letztgenanntes Blatt ist keinesfalls mit einem derartigen Grad von aufbringlichem Realismus durchgeführt, daß wir es als obszön gedachtes Blatt auffassen müssen. Im Gegenteil, durch die beigegebene Gestalt des Todes, der die wichtigste Rolle spielt, kennzeichnet es sich als moralisierende Allegorie. Weit entfernt davon, lüstern wirken zu wollen, hält hier ein sich allerdings recht ungeschlacht ausdrückender Künstler eine Strafpredigt und gibt uns einen Stich, der sich den Totentanzbildern anreiht. In ihm ermahnt er jedes Geschlecht über sein Hauptlaster, über die Sinnlichkeit und den Geiz, nicht unser aller Ende, den Tod, zu vergessen.

Die anderen Blätter allerdings beleidigen unser Schicklichkeitsgefühl alle drei durch eine zynische Behandlung von Dingen, die wir nur von seiten einer ganz verklärenden Kunst hinnehmen. Und doch ist es nichts weniger als sicher, daß Sebald absichtlich frivol gewesen wäre. „Die Stund' ist aus" zeigt sich wiederum als

Abb. 23. Sebald Beham: Herakles tötet den Cacus. H. 104.
(Zu Seite 47.)

moralisierende Allegorie, die dem anderen Totentanzbild zuzugesellen ist. Der „Nacht" hat er eine lateinische Inschrift gegeben, aus der wir sehr gut herauslesen können, daß er auch dieses Blatt im moralischen Sinne als abschreckendes Beispiel vorhalten wollte. Bei dem unleidlichsten der drei, bei dem „Ammon" endlich, ermahnt er uns durch doppelte, deutsche sowohl als lateinische Aufschrift, das Blatt „ohne böse Gedanken" zu betrachten.

Es wird immer der besonderen Anlage eines jeden Zeitalters und vielleicht auch des einzelnen Betrachters vorbehalten bleiben müssen zu entscheiden, ob Beham tatsächlich auf die Lüsternheit spekulieren wollte: ob er nur um dieses Ziel überhaupt erreichen zu können, jene moralischen Deckmäntelchen seinen Darstellungen überwarf, oder ob er wirklich Moral predigen wollte (wie jus ist angeblich Rops) und nur infolge eines Mangels an feinerer Empfindung dabei auf unziemliche Vorwürfe verfiel.

Sebalds Gestalten haben anfänglich etwas Gedrungenes, Derbes an sich. Wie jenen Dürers, gebricht es ihnen an Grazie, was uns aber nicht stört, solange sonstige Dürerische Züge ihnen anhaften. Später kommt eine Zeit, da er gestrecktere, konstruiertere Verhältnisse am Menschenkörper liebt: der italienische Einfluß spricht mit, und man merkt gleich, daß der Künstler das, was er sich als Vorbild aussuchte, nicht völlig geistig aufnehmen konnte. Zuletzt kehrt er doch wieder zu der etwas plumperen, rein beobachteten Form zurück.

Durch die kriegerischen Ereignisse und durch das damalige Sich-Erheben des vierten Standes war das Interesse des Volkes mehr auf sich selbst gerichtet worden. Auf dieses Interesse einzugehen entsprach ganz dem künstlerischen Wesen Sebald Behams. Während der gemeine Mann vordem von der Kunst nur ein Weihebildchen für die Wallfahrt verlangte, wollte er jetzt gern sich selbst verewigt sehen. Beham hat diesem Wunsch gern entsprochen, weil er es gut konnte. Das Schicksal hat ihn aus den Angeln eines ruhigen Lebens in den gesicherten Bürgerkreisen mit dem Blick nach oben gehoben. Der Ausgestoßene wird eine Zeitlang mindestens mehr oder minder unfreiwillig seinen Blick nach unten gerichtet haben. Er kam so darauf, das Volk für seine Kunst dienstbar zu machen. Neben den ornamentalen Arbeiten sind seine Sittenschilderungen das Eigenartigste, was er schuf, dasjenige, in dem am meisten Leben pulsiert. Er war zum Volks- und Bauernmaler von Beruf wie geschaffen. Dabei sind aber seine Blätter noch nicht recht eigentliche Genrebilder. Dazu fehlt es ihnen an erzählerischer Abrundung, an der Betonung einer Situation. Im Grunde genommen sind sie dasselbe wie seine mythologischen Bildchen, Lehrstoff, Anschauungsmaterial. Der einzelne, die Gruppe werden uns vorgeführt, mit der Absicht, uns zu zeigen, wie sie aussahen, nicht wie sie sich gehaben. Selten ist ein lebhaftes, nie ein verwickeltes Treiben zu bemerken. Es ist alles Neuland, was der Künstler sich da als Stoff herausgesucht hat, und er bleibt zunächst an dem Äußerlichsten hängen, wie etwa eine heutige Illustration, die uns eine erste Vorstellung von einem neuentdeckten wilden Stamm geben will, es tun würde. In das Seelenleben des Volkes uns zu führen und dazu zu bringen, daß wir das Volk nicht nur beschauen, sondern auch mit ihm fühlen, — das versucht erst das siebzehnte Jahrhundert. Darum kann man auch die Bauernkunst Behams nicht als Vorläuferin des holländischen Genrebildes im siebzehnten Jahrhundert z. B. auffassen. An und für sich werden jene Blätter fast ganz verschollen und vergessen gewesen sein, — nur seltene Ausnahmen wie Rembrandt kannten sie. Und ihre Anregung erhielt diese Kunst vom Tage, aus dem wirklichen Leben, schwerlich von den Kulturdokumenten eines verstrichenen Zeitalters.

Nach seiner vollendeten Übersiedelung nach Frankfurt fallen Sebald Behams künstlerische Kraft und Wille sehr ab. Wir dürfen annehmen, daß es ihm nicht in der erhofften Weise gut ging, und darunter mußte seine Eingebung leiden. Der Gedanke, aus dem Kupferstich unter allen Umständen den nötigen Erwerb zu erzielen, hat ihn lahm gelegt. Er schafft das wenigste neu, sondern kopiert vieles nach den Arbeiten seines verstorbenen Bruders, sticht auch einige vermutlich unter dessen ausgedruckten Platten neu auf. Dann kopiert er sich selbst, d. h. wiederholt Folgen, die er früher in guten Jahren geschaffen hat, mit Veränderungen, die manchmal geradezu töricht sind. Die Erfindungsgabe verläßt ihn: nur sein technisches Geschick und was eben dieses anbelangt, seine Gewissenhaftigkeit verbleiben.

Der jüngere Barthel war zweifellos der weit bedeutendere unter den beiden Brüdern. Schon aus den Nürnberger Verhandlungen scheint sich zu ergeben, daß er der originellere, überlegtere Kopf war. Aus seinem gestochenen Werk spricht uns eine durch und durch abgeschlossene Künstlernatur entgegen. Was er auch angreift, an welchem Vorwurf er auch äußerlich seine Arbeit bindet, wir haben stets das Gefühl, er habe es geschaffen ohne Rücksicht auf andere, nur mit sich selbst beschäftigt, er habe nicht bloß

Abb. 24. Sebald Beham: Die Melancholie
B. 144. (Zu Seite 17.)

23

Abb. 25. Sebald Beham: Das Glück. H. 140.
(Zu Seite 48.)

Abb. 26. Sebald Beham: Das Unglück. H. 141.
(Zu Seite 48.)

zeigen wollen, wie ein "Cupido auf dem Delphin", wie ein "Trommler", wie ein "Bauer" aussieht, sondern er habe ein künstlerisches Problem, entweder der Auffassung, oder der Zeichnung, oder der Komposition ausarbeiten wollen. Er gibt Kunst um der Kunst willen, selbst auf die Gefahr hin, unverstanden zu bleiben.

Überraschend ist bei ihm, wie die Aufnahme des italienischen Einflusses geglückt ist. Er hat das Gesehene wirklich erfaßt und verarbeitet. Ein ganz ungewohnter Schönheitssinn fällt uns bei ihm auf. Er ahmt nicht italienische Formen nach und führt nicht etwa aus der Fremde Gestaltungen ein, die stets fremd bleiben müssen. Aber er hatte Großsehen gelernt, und so erleben wir, daß die heimischen Modelle, die selbst einem Dürer noch herb, augenblickhaft und kleinlich vor Augen standen, in reiner Formveredelung, im schönen Fluß und Ebenmaß erscheinen.

Solche männliche Alte sowohl als weibliche, wie sie uns Barthel Beham bietet, suchen wir in der vorhergehenden deutschen Kunst vergeblich. Er wußte im Betonen des Charakteristischen Maß zu halten, so daß er bei aller Individualisierung doch noch innerhalb der weiten Grenzen des Typs blieb. Keine Einzelheit nahm ihn so gefangen, daß er sie aus der Harmonie des Ganzen herausfallen ließ. Machte er die Männer kraftvoll, so zeichnete er sie doch nicht als Muskelschemen; hob er die Anmut der Frauen hervor, so ließ er sie doch nicht geziert werden.

Er ist auch der einzige unter den Kleinmeistern, der uns auch das innere Leben bietet. Wenigstens auf einigen seiner Blätter stoßen wir auf eine Mimik und Gestik, die uns im höheren Sinn das Seelenleben der Menschen ahnen läßt. So fällt es uns als vielsagend auf, daß er sich auf ruhige, verhaltene Kompositionen beschränkt mit dem Feingefühl des wahren Künstlers, der sich bekennt, daß er nur hierbei die Stimmung, auf die er abzielt, wirklich zu erreichen hoffen kann.

Das mag man auch auf seine Bildniskunst beziehen, in der er so Großes wie Dürer selbst geleistet hat. Es ist gerade interessant, Barthels gestochene Bildnisse mit denen Dürers zu vergleichen. Hier eine gewisse Leidenschaft, die, willensstolz, betonen muß, die Schwierigkeiten herausfordert und wo sie siegt, glänzend — dafür aber auch selten siegt. Dort eine zurückhaltende Ruhe, eine Klarheit, die vielleicht nicht ganz so hoch hinauswill, dafür aber ihres Zieles auch stets sicher ist.

Endlich ist auch anzunehmen, daß Barthel unter den Kleinmeistern der phantasievollste gewesen ist. Zu allererst mag er wohl unter seines Bruders (und natürlich wenigstens mittelbar unter Dürers) Einfluß gestanden haben. Bald aber werden die Anregungen im stofflichen, formalen und stilistischen, ja auch im ornamentalen Gebiet von ihm ausgegangen sein.

Nicht nur die kleine Kopie des Meisters IB nach Dürers „Apollo und Diana", beinahe noch mehr sein ediges „Luther-Bildnis" verrät uns die Abhängigkeit auch dieses Meisters von dem Vorbild der ganzen Schule. Man weiß nicht recht, ob man sagen soll, das kleine Bildnis leidet an den Eigenheiten Dürerscher Kunst, oder daß es mit ihnen glänzt. Jedenfalls fand auch der Meister IB sich nicht naiv und schlicht mit dem Kopf ab, sondern legt einerseits mehr hinein und sucht anderseits auch formal der Arbeit das subjektive Gepräge aufzudrücken.

Abb. 27. Sebald Beham: Das Unmögliche. II. 145. (Zu Seite 48.)

Im ganzen genommen zeigt sich eine enge Verwandtschaft zwischen den Arbeiten des I B, z. B. seinen „Männerkämpfen" und allegorischen Gestalten, und dem Werk des Barthel Beham. Bei der ersten Durchsicht würde es uns gar nicht so unmöglich erscheinen, die etwa fünfzig Blätter des einen mit unter die Arbeiten des anderen einzureihen, wenn das Monogramm dem nicht entgegenstünde. In einzelnen Fällen finden wir bei I B etwas gestrecktere, ein klein wenig manieriertere Körperverhältnisse, und auch wirkt die Empfindung nicht stets so unmittelbar und überzeugend wie beim Barthel.

Leider geben uns die wenigen Jahreszahlen, 1527—1529, einiger Blätter keine genügende Grundlage, auf der wir eine Annahme über die etwaige Entwicklung des I B aufbauen könnten. Mehrere Blätter zeigen eine offene, die regelmäßig durchgebildete Kreuzlage vermeidende Technik, welche uns an italienische Stiche gemahnt. Ob diese Arbeiten aber einem Zufall ihre Entstehung verdanken oder die Merkmale einer bestimmten Entwicklung bilden, entzieht sich unserer Beurteilung. In den Bauernstücken und in den Ornamenten hinwiederum ist I B dem Barthel beinahe zum Verwechseln ähnlich.

Penz endlich lehnt sich am engsten an die Italiener an. Bei ihm könnten wir am ehesten der Überlieferung Glauben schenken, die uns erzählt, daß er gemeinschaftlich mit Raimondi gearbeitet habe. Er ist der einzige, der auch, in einem Falle wenigstens, das Format seiner Kollegen weit übersteigt und eine Platte von einem Umfang sticht, die den italienischen ähnelt. So nähert sich auch seine Stichweise der italienischen, die eben auf größere Platten berechnet ist. Er ist nicht so sauber und peinlich in der Stichelführung, noch so sorgsam in dem Übereinanderlegen der Kreuzschraffierung. Den Glanz und die Vollendung der Beham erreicht er nicht. Dabei hat er eigentlich den Geist der italienischen Kunst lange nicht so echt erfaßt wie Barthel. Sein Formgefühl ist nicht annähernd so geläutert wie dasjenige Barthel Behams und zu einem nur aufs Große gerichteten Sinn hat er es nicht gebracht. Möglicherweise war er am Anfang seiner Laufbahn, um 1520, in Italien; ziemlich sicher dann nochmals um 1540.

Penz' Sinn ist auf das Nüchterne und Genrehafte gerichtet, wie die Darstellungen aus dem Alten Testament bezeugen; einen etwas höheren Flug verrät sein Geist bei einigen Vorwürfen, die er dem Neuen Testament entnimmt. Merkwürdigerweise hat er nicht eine einzige Madonna gestochen: darin steht er unter den Kleinmeistern allein da. Am heimischsten fühlt er sich, wenn er Begebenheiten aus der Antike vorführt. Hier erzählt er viel liebevoller das Einzelne, als irgendein zweiter Kleinmeister. Natürlich hat auch Pencz das Gebiet des Ornaments gepflegt und sich im Bildnis wenigstens mit einer Platte geradezu ausgezeichnet.

Diese vier Meister bilden die Spitzen der Nürnberger Schule unter den Kleinmeistern, die zugleich die älteste (wobei es sich um geringe Zeitunterschiede handelt) und hervorragendste ist. Wir wollen daher deren Werk, wenn auch nicht Blatt für Blatt, doch etwas näher und im einzelnen betrachten. Dies bei der großen Zahl der Kleinmeister für jeden Künstler durchzuführen, wäre natürlich innerhalb einer kurzen Monographie nicht möglich. Aber auch so werden wir schon genügend in die Vorstellungs- und Gefühlswelt dieser Künstler eindringen können, so daß wir bei den später noch zu betrachtenden Stechern uns kürzer fassen können und nur den

Abb. 28. Sebald Beham: Der Tod als Narr mit der jungen Frau. B. 149. (Zu Seite 48.)

Bestand ihrer Schöpfungen sowie die besonderen Merkmale ihrer Eigenart zu kennzeichnen haben werden.

Natürlich schreite ich auch über das Maß der Bilderbeigaben dieses Bandes hinaus. Aber ich tue das mit Absicht, in der Hoffnung, daß sich dann ein Teil der Leser veranlaßt fühlen wird, sich überhaupt nicht mit dem zu begnügen, was ihm der handliche und gerade darum kleine Band bietet. Wenn der Leser nur einmal dazu angeregt wird,

Abb. 29. Sebald Beham: Die junge Frau und der Tod. B.150. (Zu Seite 48.)

sich in das ihm zunächst liegende Kupferstichkabinett zu begeben, um auch die Bilder in Augenschein zu nehmen, die ich anführe ohne sie abbilden zu können, wird voraussichtlich sein Besuch mit der Erledigung dieses Wunsches nicht aufhören, und ihm ist eine neue Quelle künstlerischen Genusses eröffnet worden. Durch die kluge Leitung einiger unserer größten Kupferstichkabinette während der letzten Jahre ist eine große Anzahl neuer Freunde dieser schönen Kunst zugewendet worden. Aber noch lange sind sich nicht alle, die es sein sollten, dessen bewußt, was ihnen der Besuch dieser Museen bieten kann.

Wenn auch die Zahl der in den beiden ersten Jahrhunderten ihres Bestehens geschaffenen Kupferstiche eine sehr große ist, so ist sie doch nicht unübersehbar. Man hat sie in der Tat fast alle schon beschrieben und katalogisiert, um sie nach diesen Katalogen in den Sammlungen anordnen und auflegen lassen zu können. Für unsere Kleinmeister ist der grundlegende Katalog dieser Art in dem vielbändigen Werk eines Wiener Kenners, Adam von Bartsch, enthalten, der alle seine Verzeichnisse nach einem bestimmten System anlegte.

Von jedem Künstler beschreibt er erst die alttestamentlichen, dann die neutestamentlichen Darstellungen in ihrer historischen Aufeinanderfolge. Es schließen sich daran die einzelnen Heiligen und symbolisch-religiöse Darstellungen, Mythologisches und alte Geschichte, Allegorien, Sittenschilderungen, Bildnisse, Waffen, Ornamente usw.

Die Anordnung ist oft angefeindet worden, da wir, wenn wir eines Künstlers Lebenswerk danach arrangieren, es auseinanderreißen. Das frühe und das zuletzt Geschaffene zieht in buntem Durcheinander an unserem Auge vorbei, so daß wir nicht einmal die Entwicklung seiner technischen Geschicklichkeit, geschweige denn der seines

Abb. 30. Erhald Beham: Sechs Blatt aus dem Hochzeitszug. B. 179 bis 185. (Zu Seite 49.)

Geistes, oder auch nur die allmähliche Hinneigung seines stofflichen Interesses, verfolgen können. Und doch ist diese Anordnung die einzig denkbare für Sammlungen, namentlich für die großen öffentlichen. Denn sie ermöglicht das leichte Auffinden jedes einzelnen Blattes und das ist für eine Sammlung die ausschlaggebende Hauptsache. Die eben besprochene Anordnung gilt eben für jeden Fall. Ganz abgesehen davon, daß ja lange nicht einmal die Hälfte aller Werke datiert sind und eine chronologische Anordnung der Arbeiten fast eines jeden Stechers schon darum große Schwierigkeiten bereitet, würde das Aufeinanderfolgen der Gegenstände bei jedem Künstler ein anderes sein, und wenn man irgendein Blatt eines Meisters, von dem viele über 200 Platten gearbeitet haben, suchen wollte, müßte man womöglich das ganze Werk, durchschauen, bis man endlich das Gesuchte findet.

27

Abb. 31. Sebald Beham: Neun Blatt aus der Dorfhochzeit. B. 169 bis 177. (Zu Seite 19.)

So müssen auch wir uns an Bartschs Anordnung halten bei unserer Durchsicht, und nur gelegentlich auf die Entstehungszeit des Einzelblattes hinweisen.*) Ich fange diesmal mit Barthel Beham an, weil er ja der geistige Führer der Gruppe zu sein scheint.

Bartsch 1 Adam und Eva ist ein merkwürdiges Blatt, dem sowohl Zeichen als Jahreszahl fehlen, das aber wohl nicht zu den frühesten Arbeiten Barthels gehören kann. Das technische Können ist bedeutend so wie die zeichnerische Fähigkeit, wie allein schon der Brustkorb des Adam, dann auch die Modellierung der beiden Körper überhaupt beweisen. In der Formensprache ist das Blatt aber dagegen noch auffällig derb und plump. Uns fällt gleich hier beim ersten Blatt das auf, worüber wir uns noch oft zu wundern haben werden, nämlich das Fehlen irgendwelcher Mimik, wie überhaupt eines Versuches, die inneren Seelenvorgänge der Menschen auch nur anzudeuten. Dagegen tritt uns die scholastische Allegorienspielerei und Deutelei entgegen. Schon vor oder wenigstens im Augenblick des Falles empfindet hier Eva ihre Nacktheit als unkeusch. In seltsamster, gar nicht anschaulicher Weise sollen wir an das Flammenschwert gemahnt werden, das gegen die beiden gerichtet wird, dadurch daß Adam es schon jetzt in der Hand hält. Wie ein Ausleger der Heiligen Schrift, nicht wie ein naiver Darsteller, hat Beham aus dem Baum der Erkenntnis ein Skelett gemacht, durch und um das die verführende Teufelsschlange sich windet. Inwieweit er nur den Worten der Theologen dabei folgt, die möglicherweise der Gemeinde schon ganz geläufig geworden waren, oder inwieweit er etwa selbständige Gedanken über den symbolischen Inhalt des Sündenfalls verkörpern wollte, wissen wir natürlich nicht.

Bartsch 2 u. 3 bieten uns zwei Judithe dar. Sie werden etwas roh und derb aufgefaßt und gemahnen weit mehr an eine Salome als an eine Judith in der Stimmung, da diese doch als Heldin und Retterin verklärt werden sollte. In einem Fall sitzt das nackte Weib ganz brutal auf dem Leichnam, und in beiden blickt sie zynisch gefühllos auf das soeben abgehackte Haupt. Die beiden Blätter, aus den Jahren 1523—1525, erscheinen eigentlich etwas lieblos modelliert. Viel besser und verseinerter in der Stimmung ist die dritte Judith (B. 4), als Halbfigur gezeichnet. Im Kostüme leistet sich der Künstler eine Prachtentfaltung und diese tritt uns als wahre Königin vor Augen. Freilich nicht als eine altjüdische, sondern als eine damalige fränkische mit all den Allüren der hohen Dame jener Zeit, auch der Andeutung der Fruchtbarkeit, einem Zeichen, worauf stolz zu sein die Welt seit jenen Tagen verlernt hat.

Es folgen zwei sehr schöne kleinere Madonnen (B. 5 u. 6) und zwei größere, die wunderbar und vielleicht Barthel Behams Bestes sind. Sicherlich gehören sie auch zu dem Schönsten, was die deutsche Kunst des sechzehnten Jahrhunderts überhaupt hervorgebracht hat. Von den kleineren ist die erstere ein Bild feierlicher, gehobener Stimmung, schon durch das Vorhandensein des Schädels und des Stundenglases (als Mahnung an den Tod), in dieser Richtung gekennzeichnet. Das reizende, ebenso seltene, zweite Blatt ist freundlicher und leitet zu den beiden größeren über. Die Madonna, sitzend und in Halbfigur dargestellt, hält das nackte Christkind, das auf ihrem Schoß steht und sie umhalst, an sich gedrückt. Über dem Vorhang im Hintergrund erblickt man links eine Blumenvase. Die Mutter ist eine reiche, mit vornehmer Kleidung und prächtiger Haube angetane Bürgersfrau. Weder Heiligenschein noch irgendeine andere Betonung des Übermenschlichen stört die Stimmung. Die wunderbare Zeichnung und die klare, helle Modellierung sind ganz des Barthel würdig. Die leicht tupfende Behandlung der Technik jedoch weicht von den übrigen Blättern etwas ab, und könnte einen stutzig machen, wenn man wüßte, wem sonst als ein so vortreffliches Blatt zuzuschreiben wäre.

Ganz italienisch angehaucht, aber nur im besten Sinne, erscheint uns die Madonna mit dem Papagei (B. 7, Abb. 1). Das südländische Motiv des Spielens mit einem Vogel ist hier verquickt mit des Nordländers Vorliebe für das Fremdartige. Es ist nicht nur ein gewöhnlicher Vogel, sondern gleich eine seltene, merkwürdige Art, ein Papagei, mit dem das Christkind spielen soll. Wunderbar flüssig ist der Faltenwurf des schweren, seiden-

---

*) Das B. hinter den Unterschriften der Abbildungen bedeutet Bartsch.

Abb. 32. Sebald Beham: Die große Dorfhochzeit. B. 154 bis 159. (Zu Seite 50.)

artigen Gewandes der Maria. Der Stoff ist wegen seiner Steifheit hier und da ein wenig knittrig, aber als Ganzes fällt er prachtvoll in großen Formen bis auf die nackten Füße herab. Ein solches Gewand mit einem solchen in Harmonie ausklingenden Fluß hat selbst Dürer nicht schaffen können. Und doch ist nichts Äußerliches, nichts spröde der italienischen Kunst Nachgeahmtes in dieser Zeichnung. Das Blatt zehrt nicht vom Gedächtnis, es lebt von der reich gewordenen Anschauung seines Urhebers.

Die Madonna im Fenster (B. 8, Titelbild), gleichfalls mit einer kleinen italienischen Landschaft, ist ein unnachahmbares Gemütsidyll. Eine feierliche Ruhe breitet sich über das Blatt aus, die nicht im Übernatürlichen, sondern gerade in der tiefen Menschlichkeit der Empfindung ihren Ursprung hat. Auch hier eine Einfachheit in der Zeichnung, eine Schlichtheit in der Erzählung, die den geistigen Gehalt der Darstellung stark und unverbrämt vortreten läßt. Gerade wie mancher unserer neueren, angefeindeten Künstler, erblickt auch Beham als Größtes, Hehrstes in Maria die Menschenmutter. Das ist das Mysterium, das er in diesen beiden schönen Blättern versinnbildlicht, ohne sich auf die feineren Bewegungen des Menschengeistes zur Steigerung seiner Wirkung zu stützen. Nichts stört an den Bildern, weder etwas am inneren Sein — etwa eine Einseitigkeit

Abb. 83. Erhald Beham: Die große Torthochzeit. B. 160.
(Zu Seite 30.)

des Gedankens, die doch nicht alle Beschauer gefangen nehmen könnte, noch etwas am äußeren Schein, eine Unvollkommenheit oder „gotische" Eckigkeit der Formensprache. Beham gibt uns das rechte Mittelding zwischen dem verblasenen, allgemeinen Typ und dem traß sich an die Einzelerscheinung klammernden Naturabbild, das kleinliche Zufälligkeiten zur Schau trägt. Diesen Blättern schließen sich zwei weitere an, die Passavant, der Ergänzer des Bartsch, dem Barthel, vielleicht gar nicht einmal mit Recht, zuschreibt, die ein womöglich noch geläuterteres Formgefühl und eine noch engere Beziehung zur italienischen Kunst aufweisen. Pass. 65 zeigt eine schöne Madonna auf Steinquadern sitzend, von vorn gesehen, die das nackte Kind stehend auf ihrem Schoß hält. Der Faltenwurf ist groß und ganz überlegt auf schöne Linien hin geordnet. Dieser Kopf ist nun ganz offenkundig bewußt „verschönert", d. h. mit einem vornehmen Regelmaß der Züge ausgestattet. Wir erkennen sofort, wenn überhaupt ein Modell gesessen hat, so veränderte der Künstler die Natur in seinem Streben dem Antlitz edle Größe zu verleihen. Diesen Kopf hebt er besonders hervor, dadurch daß er ihn auf einen weißen, runden Ausschnitt des Hintergrundes setzt, der von einer Strahlengloriole umgeben wird, die den Rest des Hintergrundes dunkel macht. In jedem Punkt also rein künstlerische Überlegung, für die die Natur nur der notwendige Ausgangspunkt ist, der aber nach bestimmten ästhetischen Gesetzen umgemodelt werden muß. Gerade dieser Charakter des Blattes läßt einen an Barthel als Urheber denken, obwohl man sich dann mit dem Umstand abfinden muß, daß Nebendinge der Komposition nach Dürer kopiert sind und daß die Stechweise vielleicht ein wenig minder schmiegsam als die von Barthels besten Arbeiten erscheint.

Das andere Blättchen, eine „Cognitio Dei" (Pass. 67 b), muß auf eine Zeichnung Raffaelo Santis zurückgehen. Der Faltenwurf ist hier ganz einfach auf breite Flächenwirkung gearbeitet. Gegenüber den eigentlichen deutschen Blättern fällt es uns auf, wie hier von einer Lust am Erzählen überhaupt nicht mehr die Rede sein kann. Wie ein-

Abb. 33a. Sebald Beham: Die große Torfhochzeit. B. 161.
(Zu Seite 50.)

sach, aller Einzelheiten, die das Auge oder den Geist aufhalten könnten, bar ist so ein Zimmer! Es gibt kaum einen größeren Gegensatz als zwischen diesem Gemach und etwa dem auf Dürers St. Hieronymus im Gehäus. In kaum der Zeit eines Menschenalters hatte sich das Kunstideal so geändert.

Der kleine Christuskopf (B. 9) erinnert etwas stärker an Dürer. Aus dem Jahr 1520 gibt es einen Sitzenden Christoph (B. 10, Abb. 2), der im Begriff sich zu erheben ist, und als das, was er ist, nur durch seinen Baumstamm gekennzeichnet wird. Selbst bei diesem Blatt hält sich Beham nicht an die Legende; er macht aus dem Heiligen einen alltäglichen Menschen, ohne das Wunder in irgendeiner Weise hervorzuheben. Diese Art über den nächstliegenden Zweck, die Illustrierung oder Veraugenscheinlichung, hinwegzugehen, um an den Vorwurf nur lose anknüpfend, ein Bild aus lauter Freude an der Bildschöpfung zu geben, ist höchst auffällig. Es kommt Beham augenscheinlich gar nicht darauf an, den Betrachter zu unterrichten, er will ihm nur etwas Schönes zeigen, und kehrt sich gar nicht darum, ob sein Blatt auch als heiliger Christoph verstanden wird. Ein wenig mehr

Abb. 33b. Sebald Beham: Die große Torfhochzeit. B. 162.
(Zu Seite 50.)

auf die Klarheit der Erzählung bedacht ist er nur dort, wo er über wirklich Ungewohntes, seinen Beschauern Neues, berichtet, wie in Cimon und Pero, der sog. römischen Caritas (B. 11).

Aber gleich wieder das nächste Blatt, die ein Jahr vor der Caritas entstandene Kleopatra (B. 12), lehrt uns unseren letzten Satz einschränken. Denn auch die Geschichte der Kleopatra gehörte zu dem neuen Stoffkreis, und doch, wenn der Name nicht oben gestochen stände, wüßten wir kaum, wen diese Frau darstellen soll. Wir sehen nur eine nackte Frau bei einem Baum stehend, die kleine Schlange um Arm und Brust könnte uns leicht entgehen. Kein

Abb. 33c. Sebald Beham: Die große Torfhochzeit. B. 163.
(Zu Seite 50.)

Versuch wird gemacht, uns durch besondere Gesichtszüge oder durch eine, den Vorgang näher bezeichnende Umgebung, die eigentliche Situation gewissenhaft vorzuführen. Wie bei den biblischen Stoffen ist auch hier der Vorwurf eben nur ein Ding, an dem eine künstlerische Form entwickelt werden kann. Barthel Behams Sinn für die Schönheit des Frauenleibes ist immerhin unter den Kleinmeistern stark entwickelt: er wendet ihm beinahe die gleiche Sorgfalt wie dem männlichen Akt zu. Merkwürdig wenig dagegen achtet er in vielen Fällen auf Adel und Feinfühligkeit der Gesichtszüge. Lassen wir ein so von Italien beeinflußtes Blatt wie die genannte Madonna beiseite, so haben selbst die Heldinnen der antiken Sage bei ihm breite, ziemlich grobe, unburchgeistigte Züge. Ebenso auffallend ist es, wie wenig er es versucht, den Gesichtsausdruck zu beleben, ihn zum Verkünder der Seelenstimmung zu machen.

Das letztere zeigt sich auch bei den drei Hauptwerken, den drei Friesen mit Männerkämpfen (B. 16 bis 18, Abb. 3 bis 5). Eine Mimik, die nur einigermaßen den heftigen Gestikulationen dieser Kämpfer entspräche, fehlt völlig.

Die Komposition dieser drei Kämpferdarstellungen ist ganz frei und weit aufgelöst; sie ist friesartig ohne wirklichen Mittelpunkt. Jede Gruppe fügt sich lose in der Breite an die nebenstehende an; eine derartige Disposition zweier feindlicher Scharen wäre in der Wirklichkeit so gut wie unmöglich. Jedweder geschauter oder überlegter Realismus fehlt: den Hauptanreiz gab offenbar die reiche Möglichkeit kühner Verkürzungen. Wieder, auch bei diesem Vorwurf also, fehlt die Absicht, etwas Wirkliches, getreu wie es war, zu veranschaulichen, und wir sehen nur die Darstellung einzelner Gedanken, die der Möglichkeit entnommen sind, und die zu Trägern von künstlerischen Absichten gemacht wurden.

Die nächsten Blätter sind meist Schmuckstücke, Vorlagen für angewandte Kunst. Auf einigen, Die Frau auf dem Küraß (B. 20), Flora (B. 21), fallen die schweren, um nicht zu sagen plumpen Formen auf. Merkwürdig ist auch die unbeholfene Kennzeichnung der Flora, durch den aus einer Vase entspringenden Blätterzweig und den Baum. Beide sind vollständig stilisiert und gemahnen kaum noch an das Naturobjekt. Daphne und Apollo (B. 25) ist wieder völlig Raffaello, besonders die Daphne mit der Stellung des Spielbeins und den nach einer Seite erhobenen Armen, während der Kopf sich nach der Spielbeinseite wendet. Das ist alles reife Stilisierung und Harmonie und Überlegung. Der Rückenakt des Apoll bietet eine Reminiszenz an Michelangelos Kletterer; freilich nicht mehr. Aber gerade weil die Gestalt weder apollinisch ist, noch der Situation entspricht, der gemäß sie doch als Verfolgender hätte dargestellt werden müssen, mag man geneigt sein, an eine Reminiszenz zu glauben.

Im Parisurteil (B. 26) finden wir, entgegen dem, was wir von Cranach her gewohnt sind, ein ziemlich verständiges Eingehen auf die antike Sage. In diesem späteren Blatt erscheinen die Körper voll und vornehm gezeichnet; aber die wenig liebreizenden Gesichter stehen in merkwürdigem Gegensatz dazu.

Zu einem interessanten Vergleich regen die zwei Kinder mit den Totenköpfen an. Das eine von oben gesehene mit drei Totenköpfen (B. 27) vom Jahre 1529 dürfte wohl vor demjenigen mit dem von unten gesehenen Kind und vier Totenköpfen entstanden sein, da das letztere einen Fortschritt zeigt. B. 27 ist Dürerisch in der unschönen Verkürzung, in der Sucht nach dem Charakteristischen, Auffälligen, dem auch auf Kosten des guten Geschmacks nachgegangen wird. Die Verkürzung auf B. 28 ist kaum minder kühn, aber doch weit weniger häßlich. Das ist ja ein Kennzeichen des Geschmacks eines Künstlers, daß er sich nicht vor der Wahrheit scheut, sich aber, da er nun einmal auszuwählen hat, bei der Auswahl an die allgemeine menschliche Erfahrung hält. Jeder von uns hat an sich selbst und im Spiegel öfters einmal etwas gesehen, worüber er ausgerufen haben mag: „Wenn man das so gemalt sähe, so würde man es für falsch, für verzeichnet erklären." Rabiaten Realistikern gilt ja alles als darstellbar, und doch zeugt es von feinerem Geschmack, wenn der Künstler sich immer bis zu einem gewissen Grade innerhalb der allgemeinen Erfahrung hält. Denn sobald er stark abweicht, fordert er einen energischen Widerspruch heraus, den er nur in ganz außergewöhnlichen Fällen (z. B. Mantegnas Pietà) gebrauchen kann, während er sonst doch Stimmung im Beschauer erwecken will und daher dessen Sinn nicht von vornherein ableiten darf. Da in dem zweiten Bild (B. 28) diesem Grundsatz Rechnung getragen wird, darf man wohl annehmen, daß es eine geläuterte Fassung des anderen darstellt.

Wie geläufig der „Memento Mori"-Gedanke jener Zeit war, wissen wir ja zur Genüge aus den berühmten Holbein-Totentänzen. Er taucht in vielen anderen Blättern der Kleinmeister außer den schon angeführten auf. Als Aufschrift trägt das Blatt B. 28 von Barthel Beham den Spruch „Mors omnia aequat", der hier zweifellos einem Wortspiel auf das am Boden liegende Kind gleichkommt.

Abb. 34. Sebald Beham: Der Marktbauer. B. 186. (Zu Seite 51.)

Abb. 35. Sebald Beham: Die Marktbäuerin. B. 187. (Zu Seite 51.)

Im übrigen ist diese Art, das geschriebene Wort, dem Buchstaben und nicht dem Geiste nach zu illustrieren, noch ein Überbleibsel vom frühen Mittelalter her, das etwa mit den Kleinmeistern aufhört. In früheren Miniaturhandschriften finden wir schon die merkwürdige Gepflogenheit, im Bilde die Bestandteile des Satzes und nicht seinen Sinn aufzunehmen, so daß z. B. wie hier das Wort „aequat" nicht in seiner abgeleiteten Bedeutung „den Unterschied aufheben", sondern in der eigentlichen „ebnen, flach hinlegen" aufgefaßt wird.

Die kleinen Puttenstücke (B. 29 bis 32), der Genius mit dem Hund, mit dem Totenkopf, als Postillon durch die Luft fliegend, geben anderweitig Zeugnis davon, wie das Jahrhundert, wenn auch noch nicht die Frau, so doch wenigstens das Kind in einer höheren Weise liebte. Schon bei Dürer offenbart sich dieses wahre Mitgefühl, obwohl bei ihm immer noch nicht so sehr die eigentliche Menschenliebe, als der Sinn für das Drollige, Possierliche am kleinen Kind geweckt ist. Bei Beham glaubt man schon einen Schritt weiter auf das große Ziel hin getan zu sehen. Es ist nicht nur, daß er sich auch an dem Anmutig-Kindlichen und nicht bloß an dem Grotesken erfreut. Wir spüren vielmehr hindurch, daß er das Kind nicht bloß als Objekt, das ihn erfreuen soll, sondern auch als Subjekt, das seine eigenen Ansprüche hat, gelten lassen wird. Darauf deuten auch die drei reizenden, von Passavant beschriebenen Friese mit tanzenden und spielenden Kindern. Nebenbei bemerkt spricht manches dafür, daß Passavant sich in seiner Zuschreibung geirrt haben mag und daß wir hier nur die Gesinnung seiner Zeit, nicht Barthels persönlichste Auffassung, zu beurteilen haben. P. 69 zeigt noch einigermaßen den selbstgefälligen Geist, der die Kinder zur Folie für den Scherz nimmt; denn sie wirken hier possierlich, indem sie die Stellungen Erwachsener nachahmen. Aber P. 70, das uns sieben Kinder zeigt, wie sie einer Hündin ihre Jungen wegnehmen, und P. 71 mit den durch einen Reifen springenden Kindern sind ganz naiv in der Darstellung kindlicher Spielerei.

Der „Jüngling mit dem Bogen" (Herakles und die stymphalischen Vögel, B. 35) entfaltet wieder die Schönheit des männlichen Leibes, in der die Künstler dieser Zeit eigentlich viel mehr schwelgten als in der des weiblichen Körpers. Der männliche Torso ist ihnen lieber, weil er weit mehr belebt ist, ein viel reicheres Muskelspiel hat, als der weibliche. Das zog sie mehr an als die Rundung und der Fluß der Formen, weil es ihrem Schaffensdrang, der möglichst viel ge-

Abb. 36. Sebald Beham: Die Wetterbauern. B. 188 und 189. (Zu Seite 51.)

Singer, Kleinmeister.

Abb. 37. Sebald Beham nach Barthel Beham:
Die drei Landsknechte. B. 196.
(Zu Seite 52.)

stalten wollte, mehr entgegenkam. Es mögen aber auch kulturelle und geschichtliche Momente bei dieser Vorliebe mitgewirkt haben. Die religiös-mystische und die dichterisch-schwärmerische Frauenverehrung des Mittelalters war teilweise durch die Renaissance verdrängt worden, welche an deren Stelle wieder ganz im allgemeinen die Erinnerung an die Wertschätzung des Mannes in der Antike wachrief.

In den Badeszenen (B. 36 u. 37) läßt sich ein leicht frivoler Sinn nicht verkennen. Immerhin müssen wir beachten, wie der laszive Scherz künstlerisch verklärt wird und schon durch die ungemeine Gewissenhaftigkeit der technischen Lösung ganz entschieden zurückgedrängt wird. Jemand, dem es nur darum zu tun ist, ein unanständiges Geschichtchen anzubringen, läßt es sich nicht die Mühe und künstlerische Kraft kosten, die hier zutage treten. Auch bei diesen Blättern möchte ich auf den großen Gegensatz zwischen den Leibes- und Gesichtsformen hinweisen. Während dort auf Regelmäßigkeit und Anmut großer Wert gelegt wird, fehlen sie in den Gesichtszügen ganz. Es wäre interessant, der Ursache hiervon nachzuforschen, die keinesfalls bloßer Zufall ist. Zunächst überkommt es uns, daß möglicherweise dem Jahrhundert der Sinn für Gesichtsschönheit überhaupt gefehlt haben mag. Viel wahrscheinlicher jedoch ist es, daß wir nur häßlich empfinden, was jener Zeit schön vorkam. Jede Zeit und Gegend hat ihr eigenes Frauenschönheitsideal, das ihr nur mittelbar von der Natur gegeben wird, das ihr vielmehr ein bedeutender Künstler aufdrängt. In diesem Fall ist es natürlich Dürer gewesen, der an dem herben Typ schuld ist. Für ihn war das Überwinden, das Bezwingen die große Freude des Lebens, das Schaffen, womöglich aus dem Nichts. Ein Typ, der über die Härten der Wirklichkeit seinen schonenden Schleier ausbreitet, der sich zum großen Teil auf die Kunst des Auslassens stützt, wie der italienische, konnte ihm nicht behagen.

Mit dem Geizhals (B. 38, Abb. 6) kommen wir wieder zu einer der sonderbarsten Illustrationen des Jahrhunderts. Bezug genommen wird auf das sechste Kapitel des Predigers Salomo: Geiz und weltliche Ehre sind ein eitles Ding. „Einer, dem Gott Reichtum, Güter und Ehre gegeben hat . . ., ihm doch nicht die Macht gibt, desselben zu genießen . . ., von dem spreche ich, daß eine unzeitige Geburt besser sei, denn er." Ganz auffällig ist es wiederum, wie der Künstler sich an die einzelnen Worte des Textes klammert, anstatt den zugrunde liegenden Sinn durch neugeschaffene, bildliche Anpassung herauszuheben. Links steht ein nackter Mann: in seiner linken Hand hält er einen Sack, mit der rechten preßt er einen Geldbeutel derart an seine Brust, daß er platzt und die Goldstücke herausfallen. Auf der rechten Schulter sitzt ihm eine Kröte, das Emblem des Geizes. Dies ist der Held der Darstellung. Er steht aber nicht etwa im Mittelgrund oder wird in einer Weise hervorgehoben, daß man merkt, die übrigen Gestalten seien nur da, um ihn zu erläutern: im Gegenteil, eher ziehen sie die Aufmerksamkeit von ihm ab. Unten am Boden liegt das Kleine, zu früh gekommene, neugeborene Kindchen, in allen Gliedern vollkommen, das durch nichts, namentlich nicht durch einen Mangel, irgendwie auffällt. Das nur bildlich erwähnte Beispiel ist zum mithandelnden Glied der Komposition geworden. Die auf dem Kissen rechts unten sitzende Frau, die die Hände hinter dem Haupt gefaltet hält, ist nicht etwa, wie man aus der allgemeinen Situation schließen würde, die Mutter als solche, sondern die öffentliche Meinung, das „ich" der Bibelstelle, die den Geizhals gleich einem unzeitig Geborenen hält, und damit seine Geringschätzung der Frühgeburt bezeugt. So nur ist der sonderbare Ausdruck, das halb spöttische, halb verächtliche Lächeln dieser Gestalt zu deuten.

Auffallend ist hier, wie stets bei Barthel, der absolute Mangel an Realismus, wie er sich in dem Kind kundgibt, oder auch im Ausdruck des Mannes, der durchaus keine Handhabe zum Erfassen der Situation gibt.

Durchsichtiger, allerdings auch weit seichter ist die andere Allegorie, von „Der Welt Lauf" (B. 39), ein echtes Kind des Humanistengeistes. Die Gerechtigkeit schläft in Ketten neben dem Lamm und dem unschuldigen Kindlein. Hinten nutzt dieweil der Fuchs die Zeit aus und verfolgt, das Schwert im Maul, die Gans.

Ob die Mutter mit den zwei Kindern (B. 40) nicht auch eine Allegorie darstellen soll, ist nicht festzustellen, wohl aber möglich, wenn man bedenkt, wie schwer es diesen Künstlern wurde, einem abstrusen Gedanken ein bildliches Abäquat gegenüber zu stellen. Sie sitzt am Boden und säugt das kleine Kind, während das andere, natürlich auch nackt, mit einem Hündchen davonläuft.

Abb. 38. Sebald Beham: Der Trommler und der Fähnrich. B. 199. (Zu Seite 58.)

Viel interessanter als der etwaige Sinn des Blattes ist dessen stark italienische, geradezu venezianische Formensprache, und die rein technische Durchführung. Der Rücken der Frau, obwohl er ganz im Schatten liegt, hebt sich doch noch von den dunklen Felsen des Hintergrunds ab. Man muß sich immer wieder ins Gedächtnis zurückrufen, wie ungemein wenig Mittel dem Stiche überhaupt zur Verwendung stehen, um genügend zu bewundern, wie feinsinnig und wirkungsvoll diese Technik durch- und ausgearbeitet worden ist.

Über die vom Tod überraschte, auf dem Bett liegende nackte Frau (B. 41), die Sebald Beham kopiert hat, sprach ich schon oben. Das zweite Totentanzbild, die drei nackten Weiber mit dem Gerippe (B. 42), bringt uns Dürerische Gestalten, welche beinahe an seine Zeichnung des Frauenbads erinnern. Augenscheinlich war es der Gegensatz der drei Lebensalter, der hierbei Beham gefesselt hat. Die Greisin, welk und hager; die Frau, ungemein fett, vom Rücken gesehen; die Jungfrau, wohl etwas schlanker gebaut, aber nach unseren Begriffen weder schlank, noch, besonders nach ihrem Gesicht zu urteilen, jung.

Die vom Rücken gesehene, auf dem Boden liegende Frau (B. 43), erinnert leicht in der Stellung an die berühmte antike Hermaphrobitenstatue, die ja manche Renaissancekünstler nachgebildet haben. Jedoch ist die Stellung an und für sich nicht so ungewöhnlich, daß Beham nicht auch selbständig darauf hätte kommen können.

Nun gelangen wir zu den Blättern mit Bildern der Landsknechte und der Bauern, recht eigentlich also des damaligen Volkes. Prächtige Soldatengestalten bieten uns die kleinen Platten (B. 45, 49, Abb. 8 und B. 50, Abb. 7). Wie fein ist auf dem letztgenannten, den sogenannten „Drei Landsknechten", die Zeichnung! Wie kühn ist es vom Künstler, so wie hier die Gesichter von den Federn und der Fahne überschneiden zu lassen! Das kann nur einer wagen, der seiner Sache so sicher ist, der eine solche Kraft der Veranschaulichung besitzt, daß er leichten Mutes auf viele Einzelheiten verzichten kann, die zur Überzeugungskraft dessen, was er sagt, doch stark beitragen würden.

Abb. 39. Sebald Beham: Die beiden Liebespaare und der Narr. B. 212. (Zu Seite 48.)

In diesen Blättchen zeigt sich der Zeitgenosse, der Mitstrebende Dürers, der ganze Renaissancemensch. Der Mensch ist auch Beham und den Kleinmeistern die Hauptsache; nur der interessiert sie wirklich. Schon das Tier kennen sie lange nicht so gut: man sehe hier die falschen Verhältnisse des Gauls an. Die Landschaft und alles andere setzt erst viel später ein: sie reißen den Menschen in ihrer Kunst gewissermaßen aus seiner Umgebung, aus der Natur, heraus und betrachten ihn für sich.

Die Bauernstücke (B. 46, 47) lassen eine warme Teilnahme an dem Stoff eigentlich vermissen. Wenn ein Meister, wie Beham, zunächst überhaupt ein hochintellektuelles Penchant hatte, das ihm eine große Zurückhaltung gegenüber den rein stofflichen Interessen auferlegte, so waren es, falls er sich einmal für das „Was" eines Vorwurfs interessierte, sicher in erster Linie Themata, die einem höheren Grad der Bildung entsprachen, denen er Geschmack abgewann. Eine soziale Teilnahme für die Welt des Bauern hat er wohl überhaupt nicht gehabt, ebensowenig wie er irgendwelche künstlerische Anregung aus diesem Weltenkreis empfing. Sonst würden sich in seinen Bauernstücken, trotz seines eigentlichen Selbst, doch einige intim beobachtete, wirkliches Erleben verratende Züge zeigen. Warum hat er sie dann überhaupt geschaffen,

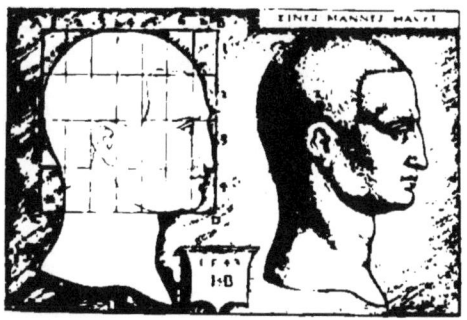

Abb. 40. Sebald Beham: Proportionsstudie eines männlichen Kopfes. B. 219.
(Zu Seite 52.)

mag man fragen. Sicherlich weil es von ihm verlangt wurde. Solche gesunde Fühlung mit der Kunst besaß damals noch das Volk. Die Kunst trat ihm zu nahe, und so wollte es sich selbst in der Kunst abgespiegelt erblicken. Allein mit dem Vorgaukeln fremder, mehr oder minder unverständlicher Dinge, ließ es sich nicht abspeisen. Es wollte die Kunst nicht anstaunen, sondern genießen. Aus materiellen Rücksichten mußte der Künstler jener Zeit, also auch Barthel Beham diesem Wunsch des Volkes entsprechen. Aber nur zu bald fand er, daß es einträglicher sei, über das Volk, als für das Volk zu arbeiten. Für einen Witz über das Volksleben, den er künstlerisch verewigte, bezahlten ihn die hundert Gebildeten besser, als die zehntausende für eine Wahrheit aus dem Volksleben. Und so ging auch leider die Schwarz-Weiß-Kunst, jene zur Volkstümlichkeit so recht eigentlich prädestinierte Kunst, bald den welten Kreisen verloren.

Über die nun folgenden Ornamentblätter kann ich mich kurz fassen. Es ist schon gesagt worden und es wird noch wiederholt werden müssen, daß diese Ornamentik überall in letzter Linie auf Italien hinweist, daß diese Vorlagen zu Füllungen für Goldschmiede das Zierstück völlig von der wirklichen Welt abstrahieren, und z. B. so gut wie nie bestimmte Pflanzenblätter, sondern ein nicht recht definierbares, sozusagen Allerweltsblatt bieten. Dargestellt wird gewöhnlich nicht auf Grund einer Naturbeobachtung, sondern auf Grund einer Kenntnis der Goldschmiedswerke und dessen, was sich am leichtesten und schönsten mit ihnen herstellen läßt.

Sauber und peinlich ist hier wie überall die Arbeit des Stechers ausgefallen. Doch gerade bei den Ornamenten hat sich ein Meister wie Barthel Beham nicht so angestrengt wie sonst. Auch hierin bestätigt er uns also in der Auffassung, daß er den höchsten Aufgaben der Kunst nachging, und die Ornamente ebenfalls wahrscheinlich nicht aus innerem Antrieb heraus, sondern nur zufolge der Nachfrage schuf. Seine Wappen stehen weit hinter jenen Dürers an Brillanz und Farbigkeit zurück: sicherlich nicht bloß, weil sie kleiner im Format sind, sondern weil ihnen die Liebe abging, die Dürer selbst solchen Dingen entgegenbringen konnte.

Barthels Bildniskunst hingegen steht wieder unter einem großen Zeichen: zum mindesten zeigt der entfaltete Apparat, daß er darauf bedacht war, Großes zu schaffen, ja, mit Dürer zu wetteifern. Schon die äußeren Umstände wiesen ihn darauf hin, hier seine ganze Kraft einzusetzen; hatte er doch unter anderem die Züge zweier Kaiser und eines Kanzlers zu verewigen.

Wenn trotz der darin angelegten ungemeinen geistigen und technischen Anstrengung uns die Kaiserbildnisse etwas spröde vorkommen, so vermuten wir aber auch gleich, die Gründe dafür erkennen zu können. Zunächst hatten diese Gesichter augenscheinlich etwas

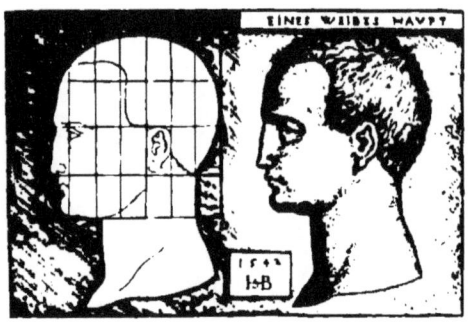

Abb. 41. Sebald Beham: Proportionsstudie eines weiblichen Kopfes. B. 220.
(Zu Seite 52.)

Lebloses, und wenn die Behamschen Bildnisse nichts weiteres als die äußerlichste Erscheinung wiedergeben, so mag der hauptsächliche Grund darin liegen, daß diese Gesichter selbst, mit der berühmten vorgeschobenen Unterlippe, recht wenig Inneres, Geistiges verrieten. Das Bewußtsein, größte Sorgfalt anzuwenden, hat Beham augenscheinlich dazu veranlaßt, jede Stelle so peinlich durchzuführen, daß er bei jedem einzelnen hängen blieb. Die Gesichter sind aus lauter Einzelheiten zusammengesetzt; wir möchten noch mehr von einem großen Zug, der das Ganze verbindet, sehen. Und endlich macht es den Eindruck, als ob Beham aus geringer Kenntnis des Modells heraus, vielleicht auf Grund einer einzigen Skizze arbeitete. Daran klammerte er sich, und daher kommt der Eindruck des photographisch Harten, das wohl für den Augenblick wahr, aber für das Wesen falsch ist.

In dem einen Falle des Karl V. (B. 60, Abb. 9) — und glücklicherweise nur in dem einen — hat Barthel sich zwar dazu verleiten lassen, Dürers kleinliche Beobachtung der Spiegelung des Fensterkreuzes im Auge anzubringen (wenn auch in erheblich unauffälligerer Weise als dieser). Die guten Eigenschaften Dürers haben es ihm aber weniger angetan. So ist seine Modellierung bedeutend knochenloser. Merkwürdig ist es, wie wenig stofflich er sticht. Das Seidenband erkennen wir wohl als solches; aus welchem Stoff jedoch die gestrickten (oder sind es brokatene?) Aufschläge, die flache Kappe, der Wams, gemacht sind, läßt sich nicht mit Gewißheit bestimmen. Und doch,

Abb. 42. Sebald Beham: Das lateinische Alphabet. B. 229.
(Zu Seite 56.)

trotz dieses Mangels an Stofflichkeit, weist der Hintergrund (der nicht weiß gelassen ist, sondern einen Ton andeutet) darauf hin, daß der Stich nach einer farbigen Skizze geschaffen wurde. Beim Kaiser Ferdinand (B. 61, Abb. 10) sind die Kleider etwas, aber nicht viel, stofflicher. Die Auffassung ist nicht durchgriftiger. Die Umstände mögen hier die gleichen gewesen sein, die die endgültige Form des Karl V. bestimmten.

Das kleinere Bildnis des Erasmus Balbermann reiht sich den Kaiserbildnissen an in seiner sorgfältigen und sauberen Stichelarbeit und der verallgemeinernden Modellierungsweise. Doch erscheint es fast als eine bessere psychologische Wiedergabe. Das puffige, ausdruckslose Gesicht des Betreffenden auf die Platte zu bannen, mag auch gerade keine leichte Arbeit gewesen sein. Wenn das Bildnis des Kanzlers Leonhard von Ed, seines Gönners, uns unter denjenigen Behams bei weitem am meisten anspricht, so trägt hieran sicher die Physiognomie des Dargestellten die Hälfte des Verdienstes. Es ist ein stark markierter, mephistophelischer Charakterkopf, der sich da vor uns erhebt, in dessen knochigen Ecken und Vorsprüngen, in dessen tiefen Faltenfurchen leicht die Anhaltspunkte zu einer sprechenden Darbietung sich finden ließen. In einem Worte, es war ein interessantes, leidenschaftliches Gesicht gegenüber den obigen nichtssagenden. Nachdem des Künstlers Teilnahme am Vorwurf einmal stark geweckt war, sehen wir, daß die Darstellung in jeder Richtung hin wächst, selbst in der der technischen Vollkommenheit. Der Pelz, die Kleidung, die Haut sind stofflich wohl unterschieden, das Gesicht prachtvoll und mit Liebe durchmodelliert, ohne daß der Künstler in irgendwelche kleinlichen Schwächen verfiel.

An Freiheit der Erfindung und im abgerundeten Formgefühl mag man den Meister I B an nächste Stelle hinter Barthel Beham setzen. Sein Werk ist noch nicht einmal so umfangreich als das des Barthel, und blicken wir es nach Bartsch durch, so erkennt selbst der Laie, daß auch von dieser nicht allzugroßen Zahl von Blättern einige noch ausgeschieden werden müssen. Solche Arbeiten, wie der heilige Lukas (B. 6) und der heilige Hieronymus (B. 7), fallen ganz aus den übrigen Kupferstichen des I B heraus. Sie sind viel geringwertiger und rühren möglicherweise von einem Kopisten her, der das Monogramm des I B unbesorgt auf seine Stiche setzte.

Die Planeten (B. 11 bis 17) bilden die Hauptfolge des Meisters. Ein großer Zug weht durch die Blätter, trotz des kleinen Formates. Wie prächtig sind die Gestalten modelliert und wie hervorragend gezeichnet! Die reiche formale Phantasie des Künstlers gibt sich in der Abwechslung kund, die überaus groß ist, wenn man bedenkt, daß für jedes Bild

Abb. 43. Sebald Beham: Der Schall mit der Bandrolle. B. 230.
(Zu Seite 56.)

innerhalb des ganz gleichen Rahmens ein und derselbe Gedanke, die Darstellung einer isolierten Figur, herhalten mußte. Einiges in der Auffassung ist noch „gotisch": so die merkwürdige Freude an einen unmöglich knittrigen, wie vom Sturm gehobenen Faltenwurf. Er steht in auffälligem Widerspruch zur Größe der Konzeption dieser Figur als Ganzes und deutet die Grenzen an, die der deutsche Kleinmeister eben doch nicht übersteigen konnte.

Eine so anmutige Figur wie die Luna (B. 17, Abb. 12) besitzen wir von Dürer nicht: die Grazie ist aber nicht etwa auf Kosten des Ernstes erreicht. Zu der berühmten Zeichnung seiner Spätzeit, dem Entwurf zu einer Versuchung in der Albertinasammlung zu Wien, haben wir einen Anklang an so etwas, und sie deutet auf die Möglichkeit hin, daß Dürer schließlich noch zu einer ganz freien Auffassung des nackten Menschen gelangt wäre. Aber das Blatt ist eben nur eine Studie, und im Kupferstich kam Dürer nicht so weit.

Uns interessiert an I Bs Planetenfolge noch die merkwürdige Naivität, mit der die Götterplaneten vermenschlicht und in eine Phantasietracht gesteckt worden sind. Der Gedanke an den Inhalt seines Bildes hat den damaligen Künstler eben nie eingeengt.

Er brachte das an, was er wußte und was ihm Freude machte, ganz ohne Rücksicht darauf, ob die Sache auch am Platze sei. Reiche Kenntnisse hatten das ungestüme Gefühl noch nicht zurückgedrängt.

Wie Barthel Beham gemahnt uns I B an die freie Auffassung der italienischen Renaissancekunst, in seiner Behandlung der nackten Männerleiber. Auch ihm ist der nackte Mann das Ideal der Schönheit, dessen Kultus alle anderen Realien verdrängt. So sitzt sein Marcus Curtius (B. 8, Abb. 11) auf dem Pferd ohne

Abb. 44. Sebald Beham: Ornament mit Maske. B. 201.
(Zu Seite 34.)

Sattel und Reitzeug, und in seinem Männerkampf (B. 21) ist das Kämpfen doch nur Spiel, nur ein Vorwand, um in allen möglichen Stellungen und Verkürzungen die eine Schönheit zu entfalten, wie sie im antiken Gymnasium zu schauen gewesen sein mag (Abb. 13).

Dem Frauenleib bringt auch I B nicht die gleiche Liebe entgegen; sein Sinn für dessen Schönheit ist sogar entschieden weniger durchgebildet als beim Barthel Beham. Das zeigen uns die Tugenden (B. 23—29). Das Muskelspiel, die Herausarbeitung komplizierter Formen fiel weg, und an der Anmut und Rundung fand er nicht den gleichen Geschmack. Er modelliert sie oberflächlicher und bedeckt sie meist (B. 29) mit einer leichten Gewandung, die zwar die großen Körperformen betont, die kleinen Abweichungen von der Norm aber, denen der weibliche Körper mehr unterworfen ist als der männliche, übergeht.

Selbstverständlich fehlt auch bei I B jedweder Realismus. Von Marcus Curtius sprach ich schon und bei ihm ist noch ferner zu beobachten, wie der Feuergraben, in den er springt, nicht im mindesten augenscheinlich oder gar schrecklich dargestellt wird. Seine Andeutung hat kaum mehr Kraft als das geschriebene Wort, denn sie soll den Hauptwert des Bildes, die Lösung von feinen Formfragen und überlegter Linienkomposition, nicht beeinträchtigen.

Bei den Luther- und Melanchthon-Bildnissen (B. 9 u. 10) des I B stoßen wir auf das Entsprechende. Aus den Unregelmäßigkeiten in Luthers Gesicht werden rhythmische

Abb. 45. Sebald Beham; Pokal. B. 240. (Zu Seite 54.)

Formen, die geradezu etwas Kalligraphisches haben. Das feste Erfassen der Persönlichkeit geht in der rein künstlerischen Übung unter. Beide Bildnisse sind natürlich nicht nach dem Leben, sondern nach Zeichnungen anderer gemacht.

Auch bei den Bauernstücken endlich der auffallende Mangel an Realismus, ganz wie bei den Italienern! Gerade bei diesen Stoffen: Die Frau neben dem Dudelsackpfeifer sitzend (B. 36, Abb. 14), der Bauer, der eine Ente an eine Frau mit Dienstmädchen verkauft, hätte man anderes erwartet. Aber auf letzterem Blatte stellt der Künstler seine Figuren auf einen, in dieser Ausdehnung unmöglichen, leeren Boden als Border- und Mittelgrund, und gibt ganz hinten die Andeutung einer Stadt, sehr winzig, diesmal nicht aus Lust am Erzählen, sondern weil er seine Figuren nicht bloß gegen das Papierweiß setzen wollte (Abb. 15). Also selbst bei den Volksstücken interessiert ihn nur der Mensch als freier, künstlerischer Vorwurf.

Merkwürdig ist, wie der Künstler sich sofort verändert beim Wachsen des Formats — wenn anders die Putten an der Weinkelter (B. 35) wirklich von ihm herstammen. Nicht nur sitzt die Zeichnung weniger fest, auch die Technik paßt sich dem größeren Maßstab nicht an. Sonst ist sie äußerst sauber, sorgfältig und regelmäßig; hier dagegen leer und farblos. Das Blatt wirkt wie ein kleines, durch ein Vergrößerungsglas angesehen.

In dem kleinen Prachtstück (B. 30) vom Jahre 1529 verbindet der Meister I B die beiden Lieblingsinteressen der Kleinmeister, das Ornament und die Allegorie. Der Stich ist eine Art Votivtafel, auf der wir die Spes, die Tribulatio, die Invidia und die Tolerantia sich um das arme Menschenherz zu schaffen machen sehen. Der Vorwurf verrät eine der schwachen Seiten des Humanismus. Auf die Zeitgenossen unserer Klein-

Abb. 46. Sebald Beham: Das Wappen des Künstlers. B. 254. (Zu Seite 56.)

Abb. 47. Sebald Beham: Phantasiewappen. B. 255. (Zu Seite 56.)

meister brang das Neue, Gedankenerweiternde allzumächtig ein, so daß ihnen förmlich Angst wurde, und sie klammerten sich an die Spielerei mit logischen Gedanken, bei der sich der Geist nicht nur ausruht, sondern gleichsam das Neue auf Vorrat in ein etikettiertes Fach seines Gedächtnisses schiebt, aus dem er es nach Bedarf holen kann. So erklärt sich die Sucht undarstellbare Gemütsbewegungen, Charaktereigenschaften und Abstraktionen, gewissermaßen in feste Formen, die wie ein Schlagwort wirken, einfrieren zu lassen.

Auch auf dem schon erwähnten Triumphzuge glänzt ein reicher ornamentaler Sinn, der bei I B sich ferner in kleinen Zierstücken mit Tritonen, Maskarons usw. und in Dolchscheiden, d. h. Vorwürfen für solche, offenbart, wie bei den anderen Kleinmeistern. Wie eben diese, zeigt I B einigen Realismus, sobald er Motive aus der Tierwelt verwendet und keinen, wenn er sich seine Einzelheiten von der Pflanzenwelt holt.

Das Werk des Sebald Beham müssen wir aus einem ein klein wenig anderen Gesichtswinkel betrachten. In ihm erblicken wir weit mehr als in den beiden Genannten den Berufsstecher. Das besagt schon die stattliche Anzahl seiner Platten; es fehlen nicht viel an dreihundert! Außer als Stecher war er fast nur noch als Zeichner für den Holzschnitt, also auf einem eng verwandten Gebiet tätig. Durch diese reiche Leistung werden wir auf die Annahme gebracht, daß er als schöpferischer Künstler wohl ein wenig den anderen nachstehen müsse: denn auch auf diesen Fall paßt bis zu einem gewissen Grad das Volkswort von „Viel und Gut gehen nicht zusammen". Die Durchsicht des Werkes bestätigt die Vermutung und wir haben

Abb. 48. Georg Pencz: Joseph erzählt seine Träume. B. 9.
(Zu Seite 56.)

ja schon gehört, daß er sich namentlich in den letzten Jahren damit begnügte, zu kopieren, das heißt nur auszuführen, anstatt zu erfinden. Als richtiger Berufsstecher widmet er natürlich auch der Ausführung die weitestgehende Aufmerksamkeit, und sein rein technisches Können ist eigentlich das größte unter alle den Kleinmeistern.

Wenn wir wiederum nach dem Verzeichnis des Bartsch die Stiche durchsehen, können wir nach alledem bei Sebald etwas flüchtiger verfahren, zumal sich ja vieles bei den Kleinmeistern wiederholt.

An der kleinen Eva (B. 2) von 1519 fällt uns die falsche klobige Zeichnung mit dem unmöglich runden Rücken auf. Für diesen Oberarm erscheint der Unterarm zu dick, der Schenkel sitzt nicht richtig im Gelenk, die Verhältnisse des Schädels sind verschoben. Die Figur möchte man für Vordürerisch halten, an der Landschaft mit

Abb. 49. Georg Pencz: Salomos Götzendienst. B. 87.
(Zu Seite 57.)

ihrem Zuviel gewahrt man den Dürerischen Einfluß deutlich. Das zweite, vier Jahre später entstandene Urelternpaar (B. 3 u. 4) beweist, daß der Künstler unterdessen neuen Strömungen zugänglich gewesen ist. Mit dem besonnenen Ebenmaß der Glieder und der großen Ruhe ist die Eva eine rein geistig konstruierte Figur. Adam, an Marcanton angelehnt, ist auch edel, aber die Modellierung seines Brustkorbes ist schematisch und er ist schlecht beleuchtet. Das Gewollte ist nicht erreicht worden. Das dritte Paar ist aber aus dem Jahre 1543 und nach Barthel Beham kopiert. Wir können also hier nur bei der größeren technischen Fertigkeit verweilen, wenn wir diese Blätter mit den vorgehenden vergleichen wollen: denn das übrige ist nicht Sebalds Eigentum.

Die falsche Dramatik der Vertreibung aus dem Paradies (B. 7) verrät allein schon, daß es sich um ein spätes Blatt handelt; ja, der Stich erinnert uns an die Arbeiten jüngerer Manieristen. Mit fürchterlichem Schwerthieb und Sturmesodem jagt der halb in Dunst aufgelöste Engel das erste Menschenpaar vor sich hin. Adam erhebt den Arm, um den Schlag abzuwehren. Keine Paradiespforte, kein Garten Eden sind sichtbar; an der sachlichen Erläuterung der Textstelle beteiligt sich diese Auffassung nicht. Wie wir es schon öfters gesehen haben, laufen unter der Etikette einer „Verstoßung" ein paar bewegte Akte einher — weiter nichts. Das ist der eigentliche Inhalt des Blattes.

Von den drei Judithen (B. 10 bis 12) stammt die erste aus der kurzen mittleren Periode, da Beham einen merkwürdig langgestreckten, engbrüstigen Typ pflegte. Man könnte fast denken, daß auf irgendwelche Weise eine Ahnung frühflorentinischer Kunst auf ihn herabgelangt wäre: vielleicht brachte ihn aber auch nur Dürers Proportionslehre auf diese Versuche. Bartsch 11, mit gedrungeneren Gliedern, zeigt ein kräftigeres Streben nach geistiger Freiheit und edlem Habitus. Hier findet sich wirklich etwas Heroisches in der Gestalt vor. Die letzte, sitzende Judith (B. 12) aus dem Jahre 1547 ist wiederum nur Kopie nach Barthel Beham.

Abb. 50. Georg Pencz: Holofernes und Judith. B. 21.
(Zu Seite 57.)

Während von den beiden Potipharen die frühe, hübsch im Rund komponierte (B. 13) wenig eindringlich dargestellt ist, trifft die späte (B. 14), vom Jahre 1544 schon mehr einen überzeugenden Ton sowohl in der Anpassung einer derben unsympathischen Figur, als wie eines sinnlich niedrigen Ausdrucks im Gesicht, wodurch der Geist der Stelle in treffender Weise klargelegt wird. Und doch wieder dieser selbe Mangel an Realismus! Wenn der Künstler sich auch Mühe gegeben hat, die seelische

Situation scharf zu erfassen
und wiederzugeben, so geht er
gewöhnlich leichten Herzens
an den Grundpfeilern der
körperlichen Situation vorbei,
ohne auf sie zu achten. Allenfalls
könnte man ihm zugestehen
die Potiphare, wie er
es tat, splitternackt zu zeigen
nimmermehr aber auch Joseph,
dem er nur gewissermaßen um
den Schein der Zusammengehörigkeit
mit der Episode,
wie sie die Bibel erzählt, zu
wahren, ein Mäntelchen umhängt.
Also auch hier wieder,
wie stets, nur zwei Aktstudien.

Abb. 51. Georg Pencz: Judith tötet Holofernes. B. 15.
(Zu Seite 57.)

Wir kommen jetzt mitten in eine ganz Düreriſch ausſehende Gruppe von Blättern
hinein: Hiob (B. 16), bei dem uns beſonders die Ruine an den großen Meiſter
denken läßt; die beiden frühen Madonnen (B. 17), bei der der Typ von Dürers ſäugender
Maria mit dem alten Geſicht (vom Jahre 1503) zu einer ſtehenden Figur verwendet
worden iſt, und B. 18, die nicht nur mit ihrem Namen an Dürers Madonna mit der
Birne anklingt, ſondern in ihrer oberen Hälfte eine gegenſeitige Kopie davon iſt; endlich
ein, möglicherweiſe von Dürers Eiſenradierungen angeregter Schmerzensmann (B. 26)
und vier Chriſtusköpfe (B. 22, 27, 28 u. 29), von denen beſonders B. 28 ſich leicht
in Verbindung mit dem bekannten großen nachdüreriſchen Holzſchnitt bringen ließe.

Die drei Blättchen: Hochzeit zu Kana (B. 23, Abb. 17), Chriſtus und die Samariterin
(B. 24) und Chriſtus im Hauſe Simons des Phariſäers (B. 25, Abb. 18) ſind nun
endlich Proben vom Beſten, was Sebald Beham zu leiſten vermochte. Sie ſtammen aus
ſeiner mittleren Zeit, meſſen ungefähr bloß dreiundeinhalb bei acht Zentimeter, und
weiſen dementſprechend eine wunderbare Delikateſſe in der Technik auf. Die einfache
klare Diſpoſition und die weitgehende Liebe für das Detail fallen uns angenehm auf.
Das Haus auf B. 23 (Abb. 17) mit ſeinem antikiſierenden Anſehen und den drei weiten
Bogenfenſtern verfällt vielleicht noch einem allgemeinen Schema, aber in den anderen
Nebenſachen wird überall genau mit der Wirklichkeit gerechnet. Der Tiſch iſt richtig
mit Tuch und Geräten, Weinkrügen und gebuckelten Bechern gedeckt; auch die dienende
Magd fehlt nicht. Die Gäſte ſtehen nicht wie blöde Statiſten da, ſie befinden ſich in
lebhaftem Geſpräch und die
Mutter der Braut gerät in
Verzückung über das Wunder.
Auch der Papagei auf dem Steg
trägt dazu bei, dem Ganzen
den intimen Reiz einer geſchauten,
nicht gedachten Realität
zu verleihen.

Die berühmte Folge vom
Verlornen Sohn (B. 31 bis 34,
Abb. 19 u. 20) reiht ſich dieſen
Blättern würdig zur Seite.
Aus dem Jahre 1540 weiſt ſie
überhaupt die beſten zeichneriſchen
und ſtiltechniſchen Vorzüge
Behams auf. Mit geſundem
Verſtand hat er ohne

Abb. 52. Georg Pencz: Herodias. B. 29.
(Zu Seite 57.)

antikifieren und gelehrt tun zu wollen, die Vorgänge in die Tracht seiner Zeit und seine eigene Gegend verlegt: er erzählt sie einfach und eindringlich. Aber die Zeit, da es dem Käufer nur um die Erzählung, lediglich um die Mitteilung der Begebenheit zu tun war, war längst vorbei, und so legt der Künstler bei jedem Bild den Nachdruck auf die künstlerische Fassung. Er macht zeichnerisch und ästhetisch einen größeren Aufwand, als zur bloßen Verdeutlichung nötig gewesen wäre. Es gelingt ihm auch mehr wie gewöhnlich, das psychologische Moment zur Geltung zu bringen. Vielleicht nicht in der Mimik, aber wohl in der Haltung des Verlornen Sohnes, wie er die Schweine hütet, drückt sich seine trostlose Sehnsucht und Hoffnungslosigkeit aus. Auch seine Zerknirschung, wie er vor dem ebenfalls gelungenen Vater (B. 34) kniet, ist überzeugend.

Noch besser ist in diesem Punkt das Einzelblatt vom Verlornen Sohn (B. 35), das zwei Jahre früher entstanden ist. Mit diesem hatte Beham wahrscheinlich einen Erfolg, der ihn dann dazu anregte, die Geschichte vierteilig auszubauen. Sicherlich stand Dürers großes Blatt als Vorbild ihm vor Augen. Der erste Vergleich lehrt uns gleich, welcher von den zweien wohl der bedeutende Mann sei, und wessen Willensniveau das weitaus niedrigere ist. Aber Beham befindet sich auch im Besitz der Vorzüge des Schwächeren, und fehlerfreier — wenn das ein Vorzug ist — ist sein Verlorner Sohn jedenfalls als der Dürers.

In der kleinen Folge von Aposteln in Paaren (B. 36, 37 bis 44) kommt er der Dürerschen Kraft und dem Mut im kleinen ziemlich nahe. Sie ist natürlich früh; mit Vergnügen gewahren wir den gewissen Trotz, der das Markant-Charakteristische dem Seicht-Gefälligen vorzieht. Darin schließen sich die beiden trefflichen Heiligen, St. Antonius (B. 64) und St. Sebald (B. 65) dieser Folge an. Jene Brüchigkeit des Faltenwurfs, jene „gotische" Edigkeit und Herbheit spricht uns immer noch gewaltig an. Denn bei ihr sind wir eines starken Gefühlslebens sicher, während uns bei der überlegten, durchdachten Kunst, die sich ästhetischen, wissentlich normierten Gesetzen unterwirft, doch manchmal ein leises Unbehagen überkommt, weil der Berechnung gegenüber dem Impuls zuviel Rechte eingeräumt wurden.

So dienen die zweite Apostelfolge (B. 43 bis 54) mit Einzelfiguren und die Evangelisten (B. 55 bis 58) gleich dazu, den Satz zu bekräftigen, in dem sie, in späterer Zeit und nicht so von innen heraus entworfen, sich als weit ausdrucksloser und schwächer erweisen.

Ein besonders interessantes Blatt ist der heilige Hieronymus (B. 62) mit seiner bis zu einem gewissen Grade vorwiegenden Architektur. Er bietet ein Beispiel dafür, wie auch Sebald Beham die Linie als solche zu schätzen und handhaben weiß. Das ganze Blatt, einschließlich des Himmels, ist ziemlich gleichmäßig damit bedeckt und um ihre Wirkung hervorzuheben wird nur ein kleiner Schein um das Haupt des Heiligen weiß gelassen. Dadurch erst wurde die dekorative Kraft der Linie zu einem selbständigen Bestandteil des Werkes erhoben, dadurch erst angezeigt, daß die Linien im Himmel zum Beispiel nicht dazu vorhanden sind, um etwas anzudeuten, zu beschreiben oder zu erläutern, sondern nur um ihrer selbst willen, weil das Gefüge von Strichen oder der Fluß einer einzelnen Linie an und für sich schon schön wirkt, auch wenn nichts Begriffliches dadurch übermittelt wird.

Abb. 53. Georg Pencz: Die Arbeiter im Weinberge. B. 36.

Die Männerkämpfe (B. 68 bis 70, Abb. 21) sind noch kleiner im Format, als die Barthel Behams oder des Meisters IB und weisen nur eine Höhe von zweieinhalb Zentimetern auf. Seine immer zarter werdende Technik und Geschicklichkeit haben wahrscheinlich Sebalb, ohne daß er

Abb. 54. Georg Pencz: „Laſſet die Kindlein zu mir kommen." B. 56. (Zu Seite 57.)

ſich's klar überlegte, dazu verleitet, ſo miniaturartig zu ſtechen. Überdies wird er auch gewußt haben, welchen ungeheueren Gewinn an Andeutungskraft er beim Verringern des Formats hatte. Jeder von uns hat das wohl ſelbſt erlebt und ſich gewundert, wie er mit ein paar feinen Haarſtrichelchen eine ganze Geſtalt, die Leben und Ausdruck beſitzt, zeichnen kann, während er kläglich Schiffbruch leidet, ſobald er verſucht, eine Figur von etwa zehn Zentimeter Länge auf das Papier zu werfen. Unſer künſtleriſches Auge beſitzt in außerordentlich hohem Maße die Fähigkeit, flüchtige und kleine Anregungen auszubauen. Faſt unſer ganzes künſtleriſches Vergnügen beſteht aus dieſer Tätigkeit, und ſie erklärt allein den Gefallen, den wir an der Miniatur haben.

Von den vier Cimon- und Pero-Darſtellungen ſind Bartſch 72 u. 73 Radierungen auf Eiſen, wie z. B. der Schmerzensmann, den wir ſchon betrachtet haben.

Die Technik der Radierung gelangte von den Plattnern, den Rüſtzeugverfertigern, zu den Kupferſtechern, was ſchon einmal daraus hervorgeht, daß die erſten Künſtler, die radierten, ihr gewohntes Material, das Kupfer, verließen und zu Eiſenplatten ihre Zuflucht nahmen, weil ſie eben von den Plattnern zunächſt nur die Säuren, die Eiſen, nicht auch die Kupfer angreifen, erfuhren. Die früheſten Radierungen ſtammen von deutſchen Künſtlern her, und die früheſte datierte Platte, die für den Abdruck beſtimmt war, ſchuf der Schweizer Meiſter Urs Graf im Jahre 1513. Von Dürers Radierungen tragen zwei die Jahreszahl 1515, zwei 1516, eine 1518, und die ſechſte iſt ohne Jahreszahl. Dieſe letzte habe ich anderswo als ſeinen erſten Verſuch hinzuſtellen verſucht, und es iſt recht gut möglich, daß ſie noch vor der Arbeit Grafs entſtanden ſei, daß alſo auch hier Dürer der Pfadfinder geweſen iſt. Eins iſt aber ganz ſicher, daß Dürer mit dem Blick des Genies, obwohl er nur dieſe ſechs Verſuche mit der neuen Technik machte, ſofort ihren eigenen Charakter herauserkannte und dieſen, in ſeinem letzten Blatte wenigſtens, der Kanone, ganz unübertrefflich zur Geltung brachte.

Darin ſteht ihm nun Sebald Beham weit nach. Daß man mit dieſer Technik naturgemäß auf etwas ganz anderes abzielen muß, kam ihm gar nicht in den Sinn, und er behandelte ſie nur als ſchnellerarbeitenden Erſatz für die Stichelarbeit. Er wollte gewiſſermaßen nur auf bequeme Art einen Stich herſtellen. Aber die geätzte Linie und

Abb. 55. Georg Pencz: Die Königin Thomiris mit dem Haupte des Cyrus. B. 70. (Zu Seite 60.)

namentlich die vom Eisen gedruckte, entbehrt der Schärfe, daher auch der Brillanz; wenn man die Linien so eng, überhaupt so ganz im Charakter des Stiches setzt, wie hier, da muß die Gesamtwirkung matt und stumpf bleiben. Wie bei den Hopfer, wirkt die Radierung Behams unoriginell und charakterlos.

Die beiden Darstellungen der römischen Caritas (B. 74 u. 75) hingegen sind, technisch genommen, hoch entwickelte Meisterleistungen eines feinfühligen Stichels. Beide tragen die Jahreszahl 1544 und die letztere ist wiederum nach Barthel kopiert. Auf die späte Zeit deutet ja die Einfachheit der Architektur und die, gegenüber der mittleren Epoche wieder gedrungeneren, plumperen Körperformen. Etwas verwunderlich bleibt es doch, daß bei dieser ungemein sauberen, sorgsamen Sticheltechnik der Eindruck des Stofflichen nicht ein höherer ist.

Von den beiden Kleopatren stammt die stehende (B. 76) aus der mittleren Zeit, 1519, während welcher Beham langgestreckten Verhältnissen huldigte und besonders wenig auf Schönheit in den Zügen achtete. Bei der sitzenden (B. 77) fällt der völlig mißlungene Schmerzensausdruck auf. Aus der Kunde, daß die Ägypterin in Cäsars Gewalt gelangte, schöpft Beham die Anregung, sie zu einer Kerkergefangenen bei Wasser und Brot zu machen. Wiederum kommt ihm nicht der leiseste Gedanke an Lokalkolorit, und er schafft nur Akte, ebenso wie bei den zwei Lukretien (B. 78 u. 79), die im Freien, bei einem Baum sitzend und in einer unmöglichen Stadt stehend, dargestellt werden. Aus der geschichtlichen Begebenheit hat er nur das Motiv der sich erstechenden Frau beibehalten. Bei diesen beiden ist aber der Gesichtsausdruck weit besser gelungen, als bei den Kleopatren.

Die Dido (B. 80) von 1520 ist dadurch besonders interessant ausgefallen, weil sie im wesentlichen nach Marcantonio Raimondi kopiert ist. Auf dem Originalblatt sehen wir eine sitzende Venus, die sich den Fuß abtrocknet. Trotz aller Körperfülle ist der Leib, den der Italiener gezeichnet, ein jugendlich-anmutiger. Beham hat daraus ein älteres, muskulös durchgearbeiteteres, kräftiges Heldenweib gemacht, das gleichsam hohnlachend in den Tod geht.

Das reizend im Rund komponierte Parisurteil (B. 88) setzt sich wieder leicht über die Erfordernisse der Fabel hinweg, indem es die Göttinnen bekleidet und als gewöhnliche, derbe Nürnbergerinnen auftreten läßt. Man muß sich dabei immer wieder in Erinnerung rufen, daß diese Umbildung der alten Geschichte nicht etwa der Unkenntnis, sondern dem freien künstlerischen Willen entsprang. Sie deutet uns an, auf was es den Renaissancekünstlern ankam und somit auch, wie wir sie verstehen lernen können.

Unter den Darstellungen aus der antiken Mythologie verdienen noch die Herkulestaten (Abb. 23) besonders Erwähnung. Diese prächtige Folge gehört mit zu dem Allerbesten, was wir an Arbeiten im Kleinmeisterstil besitzen. Die zwölf Blättchen sind alle mit hervorragender Liebe gezeichnet und gestochen; auch die ausgezeichnete Modellierung muß hervorgehoben werden. Etwas verworren vielleicht ist das Blatt „Herkules die Säulen tragend", aber auch nur dieses. Sonst finden wir gerade bei dieser Folge jedes Bild in klarer Weise zu einer Erzählung abgerundet, und ein, wie wir schon gesehen haben, nicht stets vorhandenes Verständnis für den Sinn der Situation zeichnet alle aus.

Auf dem Verbrennungsstob des Herakles ist der Held selbst in einer auffallenden, kühnen Verkürzung dargestellt, die einen unwillkürlich an Mantegna denken läßt, um so mehr, als auch hier ein nichts beschönigender Realismus vorwaltet, der gerade in dieser Folge sonst nicht auftritt.

Abb. 54. Georg Beneß: Medea und Jason. B. 71. (Zu Seite 60.)

Eine Reminiszenz, die irgendwelche Zeichnung übermittelt haben könnte, ist ja auch gar nicht durchaus ausgeschlossen.

Unter den Allegorien sind die Sieben freien Künste frühe Arbeiten, mit großen, leicht heroischen Figuren. Sie lassen den Geist, der sich völlig der Raffaello Santischule überantworten wird, im voraus ahnen (B. 121 bis 127). Die unmöglich knittrige Gewandung, die scheinbar von Windstößen, welche sich aber sonst nicht offenbaren, nach allen Richtungen zerzaust wird, verraten wieder die oft bemerkte Freude an rein graphischer Linienführung.

Aus der späteren Mittelperiode, dem Jahre 1539, stammt sowohl die kleine Folge der Planeten (B. 113—120) — sauber ausgeführt aber nicht erheblich, — als die Erkenntnis Gottes mit den sieben Tugenden (B. 129—136), welche derbe gedrungene Frauengestalten, nicht recht liebevoll modelliert, aufweist.

In der „Pacienza" (B. 138) blickt noch im Teufel, der hinter der Geduld steht um sie zu plagen, die alte Teufelsvorstellung eines Schongauers etwa heraus. Gerade bei den Kleinmeistern findet sich die Gemahnung an das fünfzehnte Jahrhundert selten vor. Die Melancolia (B. 144, Abb. 24), eines der schwächsten Stücke Behams, dürfen wir uns nicht im Zusammenhang mit Dürers Stich ansehen, sonst würden wir den Abstand zwischen beiden Künstlern für noch größer halten, als er tatsächlich ist. Von Behams Blatt geht keine Anregung irgendwelcher Art aus, geschweige denn, daß er eine

Stimmung auch nur andeutet, die Dürer trotz der Fülle gedanklicher Beziehungen so wunderbar verkörperte. Auf der Arbeit des Epigonen erblicken wir nur die dürftige, ohne geistigen und formalen Aufwand gebotene Darstellung einer nachdenklichen Frau. Das Glück (B. 140, Abb. 25) und das Unglück (B. 141, Abb. 26) mag man wieder als Versuche in Mimik studieren, von denen wenigstens der letztere einigermaßen gelungen ist. An Totentanzbildern finden wir außer Kopien nach dem Werk seines Bruders, einen Tod in der Narrenkappe, der neben einer vornehm gekleideten Frau schreitet (B. 149, Abb. 28), und der noch an die ältere Auffassung der Allegorie erinnert, den Tod mit dem nackten Weib (B. 150, Abb. 29) vor, in dem die Allegorie der neuen Renaissance-Freude an der Form untergeordnet wird. Der schöne schematisch gezeichnete junge Leib, nicht eigentlich der allegorische Gedanke, bildet den Hauptgehalt des Blattes. Beide Platten stammen, wie auch die Kopien, aus der letzten Schaffenszeit Sebalds, aus den Jahren 1541 und 1547.

Der „Impossibile" (B. 145, Abb. 27), wie er kurzweg genannt wird, zeigt den Typ und die Stichart der Heraklestaten, die er gewissermaßen abschließt. Ein Mensch versucht einen Baum mit den Wurzeln auszureißen: damit soll der Versuch, etwas Unmögliches zu tun, symbolisiert werden. Der Gedanke ist sicherlich nicht aus dem Hirn des Künstlers selbst entsprungen, sonst hätte er nicht gefürchtet, mißverstanden zu werden. So fühlt er selbst, daß er das Spröde der Allegorie nicht bezwungen habe und setzt nicht nur den Titel, sondern auch noch die Legende „Niemand untersteh sich großer Ding, die ihm zu tun unmöglich sind" auf die Platte.

Nun kommen wir zu dem Teil des gestochenen Werkes Sebald Behams, der die sicherste Grundlage seines Ruhmes bildet, den Sittenschilderungen und Darstellungen aus dem gewöhnlichen Leben. Hier arbeitet er mit voller Überzeugung und mit stets gleicher Sorgfalt. Er ist nicht der erste, der das Feld beackert, und er bringt auch noch nicht das absolut in sich selbst abgerundete Genrebild zustande, aber er ist doch der erste Meister, der, sagen wir, die Möglichkeit einer hochstehenden Volkskunst, die ihre Anregung weder aus dem Wissen noch aus dem Glauben, sondern aus dem Leben schöpfte, bewiesen hat.

Aus dem Treiben der vornehmen Welt erzählt uns, abgesehen von einigen, meist nach Barthel kopierten freien Darstellungen, nur das eine berühmte Blatt mit den beiden Liebespaaren (B. 212, Abb. 39) etwas. Zwei höfische oder zum mindesten vornehm bürgerliche

Abb. 57. Georg Pencz: Prokris wird von Cephalus getötet. B. 73. (Zu Seite 60.)

Liebespaare sitzen auf einer Bank. Von hinten tritt ein Narr dazwischen. Vielleicht ist das Blatt als Illustration zu einer bestimmten Erzählung gedacht, denn die Figuren verhalten sich ziemlich dramatisch. Der Ritter links raunt seiner Dame eine Liebeserklärung ins Ohr, während die Dame rechts durch den Narren auf die Lage aufmerksam gemacht, wie durch Eifersucht erregt und als ob sie die gekränkte Gattin wäre, mit heftiger Gebärde und zornigem Ausdruck hinüberspricht. Auch der andere Mann scheint Einspruch erheben zu wollen. Doch über die Beziehung zu einer bestimmten Stelle in der Literatur — wenn sie überhaupt besteht —, ist das Blatt zu einem allgemeingültigen, wertvollen, sittengeschichtlichen Zeitdokument hinausgediehen. Es ist das zarteste und sorgfältigste an Stecharbeit, was wir von Sebald Beham besitzen, und allem Anschein nach hat er das Blatt auch zweimal stechen müssen, da es viel

Abb. 5a. S. Beham: Mutius Scävola. H. 74.
(Zu Seite 60.)

mehr Anklang fand, als die von einer Platte abgezogene Auflage befriedigen konnte.

Von den echten Bauernstücken fügen sich eine große Anzahl zu einem Ganzen zusammen, das uns mitten in das Volkstreiben jener Zeit, bei Gelegenheit einer Hochzeit, führt. Zuerst wird uns auf acht Blättchen der Hochzeitszug vorgeführt (B. 178 bis 185, Abb. 30). Die Musikanten, ein Pfeifer und ein Dudelsackbläser, neben denen eine Art komischer Figur mit kurzem Beil und hölzernem Schwert in zerrissener Scheide läuft, schreiten voran. Es folgen sechs Paare, von denen einige schon in richtiger, fideler Hochzeitsstimmung sind. Sie jauchzen und hüpfen umher, während andere, besonders die Frauen, noch mehr auf Anstand achten. Vorzüglich wird das Plumpe, Schwerfällige in Tritt und Wesen wiedergegeben. Fast alle zeigen auch eine ziemlich rübe Ader, und die derbfesten Waffen der meisten lassen auf ihre Rauflust schließen.

Dann kommt die Folge mit dem eigentlichen Hochzeitsfest (B. 166—177, Abb. 31). Wiederum pusten Dudelsackbläser und Pfeifer und spielen zum Tanze auf. Die Paare eilen herbei auf den Tanzboden; einige schwingen und drehen sich schon im Kreise herum. Die Situation wird immer ausgelassener, und Beham wirft zuletzt noch Streiflichter auf Episoden, die sich einstellen, nachdem die meisten des Guten zuviel getan haben. Da sieht man, wie eine Bauersfrau mit wohlgefülltem Korb sich aus dem Staube macht und ihren Mann mit sich fortreißt. Aber es ist schon zu spät, und bereits im Fortgehen muß er unter den Folgen seiner Völlerei leiden. Da finden wir ein anderes Weib, das ihren Alten soeben überrascht, wie er sich unter einer Hecke ein Schäfer-

Singer, Kleinmeister. 4

ftündchen mit einer loderen Dirne einrichten will, nun aber ftatt deffen tüchtig mit einem Knüttel gedrofchen wird. Einem zweiten Sünder in ähnlicher Lage geht es zwar nicht ganz fo fchlimm, aber auch er erreicht fein Ziel nicht, da er von einem lofen Spottvogel geftört wird, der fich mit dem Ruf „Ich will auch mit", über die Hecke auf das Pärchen herabbeugt (Abb. 33 c). Endlich erbliden wir noch einen, der nicht Maß halten konnte und nun das zuviel Genoffene auf alle Weifen von fich gibt, während fein Gefährte ihn mit dem Zuruf „Du machft es gar zu grob" (Abb. 33 c) verhöhnt. Zwei kleine Doppelblättchen (B. 164 u. 165) runden diefe Folgen gewiffermaßen ab. Auf dem erfteren fitt die Hochzeitsgefellfchaft noch bei Tifche, als der Brautvater und der Bräutigam die Braut herbeiführen. Sie fordern einen ehrwürdigen Alten, vielleicht die Ehrenperfon oder den Vater des Bräutigams, auf, mit der Braut einen Tanz zu wagen. Die humoriftifche Seite der Begebenheit wird durch die Auffchrift „Alter, Du mußt tanzen" (Abb. 33 a) hervorgehoben.

Das zweite Blatt ftellt eine wüfte Schlägerei dar, auf die fich die angetrunkenen

Abb. 50. S. Beham: Lucretia fich tötend. B. 79. (Zu Seite 59.)

Bauern wahrfcheinlich nur zu gern eingelaffen haben und die wohl fo ziemlich ficher den regelmäßigen Höhepunkt folcher Fefte bildete (Abb. 33 b). Zwei von den Raufenden liegen fchon am Boden, während eine Frau fich über fie herftürzt, um den Schlägen der übrigen fünf Einhalt zu tun.

Was wir eigenmächtig mit diefen 22 Blättern taten, indem wir fie zu einem Ganzen zufammenfügten (wie es fich allerdings fo ziemlich von alleine macht), das tat Sebald Beham felbft, als er die Folge in fpäteren Jahren wiederholte. Auch die Bauern- hochzeit-Blätter waren außerordentlich populär, und um die Nachfrage beffer decken zu können, ftach er die ganze Gefchichte 1546 noch einmal (B. 154 bis 163, Abb. 32 u. 33) Faft alle die neuen Figuren find gegenfeitige Kopien nach den alten, mit leichten Ver- änderungen hier und da, die aber, wie immer bei Kopien, keine Verbefferungen find. Er bringt alle Blättchen auf ein Format, indem er auf jedes zwei Tänzerpaare ftellt. Die Tänzer bilden einen Fries: der Hintergrund auf den letzten drei Blättern mit den Nebenepifoden fetzt fich ununterbrochen fort, fo daß diefe drei gleichfam ein ein- heitliches, in drei Stüde zerfchnittenes Ganze find. Zweck- und wirkungslos ftempelt

Beham durch Aufschriften die Tänzerpaare zu Allegorien auf die Monate um. Da die Monate nicht reichen, schreibt er über das dreizehnte Paar einfach: „Die zwölf Monate sind getan, wohlauf Grete, wir fangen sie wieder an"; und die beiden Musikanten werden schlankweg als „Sonne" und „Mond" gekennzeichnet. Wenn er demnach gedanklich den Gegenstand auch etwas geordnet und zusammengefaßt hat, so hat er ihn künstlerisch, wie gesagt, nicht eben verbessert. Die Charakteristik der Einzelfiguren ist flauer, die Zeichenkunst schwächer, nur die Stichtechnik steht auf der Höhe, insofern sie die allergrößte Sorgfalt und Gewissenhaftigkeit verrät. Die Stofflichkeit ist dementsprechend gegenüber der früheren Folge auch ein klein wenig gelungener. Stofflichkeit aber zu erreichen lag ja merkwürdigerweise so wenig in der Absicht der Kleinmeister. Sie hatten eben noch völlig Fühlung mit der alten Kunst und deren geistiger Auffassung. Auch ihnen galt die stilvolle Behandlung der Schwarz-Weiß-Linie als einziger künstlerischer Inhalt des Kupferstiches. Dabei hatten sie aber die Technik außerordentlich viel weiter entwickelt und sahen merkwürdigerweise trotzdem nicht, daß ihnen die Stofflichkeit nun erreichbar war.

Abb. 60. (M. Pencz: Horatius Cocles. B 80. (Zu Seite 69.)

Die Bauernhochzeitler werden noch ergänzt von verschiedenen Einzelstücken (B. 186 bis 194), welche bäuerische Typen, meist in ihrer Beschäftigung als Verkäufer von Landesprodukten, zeigen. Je zwei geben sich als Gegenstücke. Zu dem einen Bauer, der neben seinen Feldfrüchten steht und laut der Inschrift meint: „Wenn wir das verkaufen" (Abb. 34), steht als Gegenüber sein Weib neben Eierkorb, Butterbutte, Krug und Heurechen mit der Legende: „Wollen wir zum Wein laufen" (Abb. 35). Berühmt sind ferner die beiden sogenannten Wetterbauern, übrigens Meisterwerke der Miniaturstecherei, von denen der eine hinaufschauend, sagt: „Es ist kalt Wetter", worauf der andere tröstlich erwidert: „Das schadet nichts" (Abb. 36). Sie haben möglicherweis Rembrandt zu einem ähnlichen Paarl angeregt. Alle diese Inschriften sind in höchst enaiver Weise angebracht, manchma sogar auf Spruchbändern; es fehlt nur noch, daß diese aus dem Munde der Figur hervorspringen. Um noch einmal auf öfter Gesagtes zurückzukommen, weise ich auf den Mangel an Wirklichkeitssinn bei den Wetterbauern hin. Wir erblicken volles Grün, belaubte Büsche und einen klaren Himmel, nicht etwa Schnee, oder auch nur einige Zeichen eines Frostes.

4*

Unter den Bauernstücken verdient besonders hervorgehoben zu werden vielleicht nur noch das tanzende Paar (B. 194), ein kräftiges, eigenartiges Blatt vom Jahre 1522 mit Dürerischen Typen.

Noch einen dritten Faktor des damaligen Volkslebens verewigte Beham in glänzender Weise, den Soldaten. Die Einzelfiguren von Landsknechten und Fähnrichen sind prächtige, feste Kerle, ohne jeden Nebengedanken mit ehrlicher Wahrheitsliebe vorgeführt. Die Gruppenbilder (B. 197 bis 199, Abb. 37) sind zum Teil, vielleicht sogar alle, nach Barthel Beham kopiert; sie stehen aber wenigstens in der Feinheit der Ausführung kaum den Arbeiten des frühverstorbenen Bruders nach. Wenn wir auch bedauern mögen, daß uns diese Kunst vom politischen Geist der Zeit so wenig überlieferte, sich nie veranlaßt fühlte, wirkliche Begebenheiten aus der Geschichte oder wenigstens die Volksstimmung über diese Begebenheiten zu verewigen, so sind wir doch dankbar dafür, daß sie uns zum mindesten das Aussehen des einzelnen getreulich berichtet. Auf einem der

Abb. 61. G. Beneg: Porsenna. B. 81. (Zu Seite 59.)

Blätter (B. 199, Abb. 38) sehen wir zwei der damaligen Kämpen, wohl nicht physiognomisch aber wenigstens in ihrer Tracht und Gestalt genau wiedergegeben und mit ihren Namen „Ader Conz", „Klos Wuczer" bezeichnet. Wir lesen ferner „Im Bauernkrieg 1525" auf der Platte, die Sebald Beham aber erst 19 Jahre später, vielleicht nach einem verloren gegangenen Original seines Bruders, stach. Sonst wäre es auffallend, daß ein Meister jenes Jahrhunderts, in dem die Menschheit immer voll und ganz im Tag lebte, sich plötzlich darauf besonnen haben sollte, eine Begebenheit, oder vielmehr zwei Volkshelden, von denen man beinahe 20 Jahre lang nichts gehört hat, zu verewigen.

Der Pferdekopf (B. 218), „Eines Mannes Haupt" (B. 219, Abb. 40) und „Eines Weibes Haupt" (B. 220, Abb. 41) — seltsam leblose Schemen —, wohl auch die Kapitelle (B. 247 bis 253), entstanden als Illustrationen zu theoretischen Werken, mit denen Beham erfolgreich gegen Dürers Proportionsstudien in den Wettbewerb einzutreten gedachte. Was auch die Arbeit sein mochte, die in dieser glücklichen Zeit in Angriff genommen wurde, mochte sie auch einen Nutzzweck haben, der mit viel weniger Mühe und Hingebung zu erreichen gewesen wäre, alles wird zu unserer Bewunderung und

Abb. 62. G. Pencz. Artemisia. B. 83. (Zu Seite 60.)

Freude mit nie versagender Gewissenhaftigkeit, mit einem heiligen Ernst, erledigt. Selbst bei rein lehrhaften Blättchen wie diesen, wo ein paar Striche und einige Zahlen ja genügt hätten, um den Studierenden zu orientieren, läßt es sich Beham nicht verdrießen, stets abgerundete, kleine Kunstwerke zu liefern, bei denen die Schönheit noch über die Zweckanwendung eingesetzt wird.

Die Folge von kleinen Pokalen (B. 239 bis 241, Abb. 45) sind im Format doch so winzig, daß es uns schwer fällt, sie als Vorlagen für Goldschmiede aufzufassen. Diese hätten doch wohl ein größeres Vorbild bedurft, um danach arbeiten zu können. Daher

Abb. 63. G. Pencz: Virginius seine Tochter tötend. B. 84.
(Zu Seite 59.)

kommt es uns leichter anzunehmen, daß diese Blättchen eben nur Abbildungen besonders hervorragender Prunkstücke bieten, deren Ruhm sie verbreiten sollten, wie wir heute ein besonders schönes Stück des Kunstgewerbes durch die Photographie verbreiten. Der Gedanke lag jener Zeit ebenso nahe wie uns, und es gibt z. B. ein Heiligtumsbuch von Halle, das gewissermaßen ein Bilderinventar aller Reliquien, die die dortige Kirche aufbewahrte, aufzählt. Diese Reliquien wurden in Glanzleistungen der damaligen Goldschmiedekunst aufbewahrt, und eben diese kunstgewerblichen Erzeugnisse sind es ja, nicht deren Inhalt, die tatsächlich abgebildet werden.

An den eigentlichen Ornamentblättern, den Hoch- und Querfüllungen (Abb. 44), die unbestreitbar als Vorlageblätter für Gold- und Silberschmiede, Schnitzer, Bossierer und Töpfer, auch Teppichwirker, geschaffen wurden, staunen wir die reiche Phantasie, das

Abb. 64. G. Pencz: Thetis und Chiron. H. 10. (Zu Seite 59.)

glückliche Ebenmaß der Anordnung, und das regierende Schönheitsgefühl an, demzufolge, wie ich eben schon anführte, kein Ding, auch nicht das kleinste, nachlässig oder gar lieblos behandelt wurde. Einige von Sebalds ornamentalen Zierstücken mit Putten geben Proben seines heiteren, und wie die Zeit es eben gab, ziemlich derben Humors ab (Abb. 42 u. 43). Schalkhaft ist auch die Inschrift auf dem einen Wappen des „Von Gottes Gnaden Herrn von Weißnichtwer, Dort ansässig, in Jenemdorf" (Abb. 47). Sebalds Wappen (Abb. 46) sind noch prächtigere, festgeschlossenere Stecherarbeit als diejenigen Barthel Behams, unter denen er eines kopierte. Aber auch er erreicht in seinem Miniaturformat nicht die Stofflichkeit Dürers.

Der vierte der Gruppe, Georg Pencz, sticht von den anderen wie überhaupt von den übrigen Kleinmeistern durch seine technische Eigenart ab. Er arbeitet viel mehr als irgendein zweiter mit kurzen Strichelchen, anstatt der Linienlagen, die beinahe wie Punkte aussehen. Manchmal ersetzen diese Strichelchen oder Punkte die Kreuzlagen ganz und gar, und selbst bei dem „Modélé" vermeidet er, soweit angängig, die Kreuzlagentechnik, deren Ausbildung ja die ganze Errungenschaft des deutschen Kupferstiches war. Seine Blätter stehen demnach an Feinheit der Wirkung und an glänzender Sauberkeit denjenigen der Beham und des I B nach.

Penczs biblische Historien sind viel erzählerischer als die übrigen Nürnberger Arbeiten. Gleich bei der Geschichte Abrahams (B. 1 bis 5) sehen wir, wie er sich richtig Mühe gibt, den Text klar zu verbildlichen, den Stoff etwa für die, die nicht lesen können, recht faßlich hinzustellen. In ganz anderer Weise als bei Barthel Beham z. B. tritt dies hervor, und wird nicht wie bei diesem durch den Versuch, rein künstlerische Aufgaben zu lösen, in den Hintergrund gedrängt. So merken wir auch bei dem ergänzenden Blatt zu diesem Zyklus (B. 6), auf dem wir die Hagar von der Sarah dem Abraham zugeführt erblicken, daß Pencz das rein Menschliche der Situation allem übrigen vorzieht. Er führt uns einen jungen frischen Frauenleib vor, der wirklich begehrenswert erscheint, er macht auf den Gegensatz zwischen ihr und der alten Sarah aufmerksam, betont den rein sachlichen und gemütlichen Inhalt der Situation auf das stärkste. Kurz, er ist Realist nach der Richtung der nüchternen, eigentlich unkünstlerischen Deutlichkeit hin. Damit stimmt auch überein, daß er sich viel mehr mit der Mimik abgibt, und auch damit mehr Erfolg hat. Die sinnliche Begierde im Ausdruck der Hagar ist etwas, was den Beham in dieser Weise nie gelungen ist, weil — sie es nie versucht haben. Sie haben eben noch nicht das Schön der Wirklichkeit mit dem Schön in der Kunst vermischt, wie das bei Pencz der Fall ist. Barthel wäre es nicht eingefallen, seine Hagar als menschliches Wesen für uns reizvoll zu gestalten, sondern nur als Kunstwerk. Er hätte nicht ein schönes Menschenkind, sondern ein Menschenkind schön darstellen wollen, und wenn ihm irgendwelche Kunst in der Komposition oder in der Beleuchtung, vor allem in der stilreinen Darstellungsweise mit dem zufällig benutzten Modell gelungen wären, so wäre es ihm gar nicht in den Sinn gekommen, daß jemand ferner verlangen könnte, es möchte nebenher auch vom Modell als solchem ein Reiz ausgehen.

Das gleiche Erzählertalent, der laienhaft trockene Zug zeigt sich weiter in den Blättern mit den Geschichten des Hiob, der Esther, der Putiphara und des Tobias (B. 7 bis 19, Abb. 48). Auf dem Blatt B. 12 gewahrt man eine ungewöhnliche Ausführlichkeit in dem Bericht über die Ausstattung des Zimmers. Pencz spielt sogar mit dem Sonnenflecken auf dem Kopfkissen. Die Putiphara stellt er ziemlich dezent dar, den Joseph dafür aber auch nicht scheinheilig, wie es so oft in der späteren Kunst vorkommt. Auch darin bewährt sich also sein Sinn für die Anforderungen, die die nüchterne Wahrheitsliebe stellt.

Die recht gut erzählte Geschichte des Tobias weist im stärkeren Maße die italienisierende Stichtechnik mit schroffen Licht- und Schattenkontrasten und wenigen Kreuzschraffierungen auf. Wir müssen es loben, wie auf Bartsch 15 und 16 die Blindheit gut ausgedrückt wird, müssen also wiederum nicht ein künstlerisches, sondern ein beschreibendes Moment hervorheben. Auf der Brautnacht (B. 19) hat er ungewöhnlich viel mit dem Gesichtsausdrucke versucht und er ist ihm ungewöhnlich gut gelungen.

Abb. 66. G. Pencz: Der Triumph des Todes. B. 121. (Zu Seite 63.)

Die Blättchen Bartsch 20 bis 29 stellen alle die Überlistung zum Guten oder zum Bösen der Männer durch die Weiber dar: Lot, David, Salomo (Abb. 49), Judith (Abb. 50 u. 51), Susanna, Delila und Salome (Abb. 52). Sie nähern sich etwas mehr der Behamschen Kunst sowohl im vollen, gedrungenen Typ, wie im Geist der Zeichnung und selbst der größeren Sorgfalt der Stichtechnik. Die Gesichter erscheinen nicht unedel, aber dafür auch etwas leer.

Die Folge mit kleinen Darstellungen aus dem Leben Jesu (B. 39 bis 54) erinnert, kontrastreich wie sie ist, technisch an die Tobiasfolge. Der Erzählertrieb zeigt sich wieder stark und macht sich (B. 39) wiederum Luft durch Einschaltung von Nebenszenen im Hintergrund, wie wir sie bereits in der Abrahamfolge sahen. Die Art zu erzählen ist im übrigen gut, da das Detail von der Hauptsache nicht ablenkt.

Das etwas größere Blatt „Lasset die Kindlein zu mir kommen" (B. 56, Abb. 54) spricht durch die Gefühlstiefe und die ziemlich edel-vornehme Zeichnung, bei reichlicher Bewegtheit der Formen an. In der Empfindung ist es vielleicht das Beste, was Pencz geschaffen hat. Natürlich bezieht sich das auf eine rein menschliche, nicht auf eine spezifisch künstlerische Empfindung. Immerhin bietet unserem Geist die schöne, echt deutsche Figur der säugenden Mutter links eine Freude, die kaum durch die Erwägung geschwächt wird, daß sie uns ebensogut durch das Wort hätte geboten werden können. Diese Art künstlerischer Realismus, den Pencz bereits hier vertritt, steht und fällt selbstverständlich mit dem Inhalt des Kunstwerkes, und einen schöneren Inhalt als bei diesem Blatt kann er kaum haben.

Beim Christus am Kreuz (B. 57) verspüren wir doch ein wenig, daß der Heroismus, der hier nach Ausdruck ringt, sich nicht mit dem Miniaturformat verträgt.

Eine ausgezeichnete Folge bilden die Sieben Werke der Barmherzigkeit (B. 58 bis 64) im Rund, jedesmal mit Christus als leidender Hauptfigur. Sie bestärkt uns darin zu betonen, daß Pencz unter den vier Nürnbergern der einzige ist, der sich mit Glück auf die Mimik einläßt. Man beachte, wie wohlgelungen, im Sinne der Veranschaulichung, der Ausdruck des Mitleids bei der Frau, die bekleidet (B. 59), die beherbergt (B. 62) und die Kranke pflegt (B. 63) ist; auch bei vielen der Männergesichter und in den Christusköpfen.

Bei dem weit größeren Interesse, das Pencz dem Gegenständlichen entgegenbringt, ist es auch ganz natürlich, daß seine Figuren viel sprechender, handelnder auftreten als jene der anderen Meister. Die Beham und der Meister I B stellen die Situation gleichsam bloß mit teilnahmslosen Statisten dar. Penczs Figuren sind Schauspieler, die ihre Rollen völlig in sich aufgenommen haben. Dementsprechend ist die Art wie Gottvater, in der Parabel vom Reichen und dem armen Lazarus (B. 65 bis 67)

Abb. 66. H. Aldegrever: Urteil des Salomo B. 29. (Zu Seite 64.)

auf dem Schlußblatt den Lazarus auf den Reichen in der Hölle hinweist, weit eindringlicher und unmittelbarer, als bei irgendwelchen der Handlung mehr gleichgültig gegenüber verharrenden Gestalten Behams.

Für Pencz war die Bibel natürlich, wie für sein ganzes Zeitalter, ebenso aktuell und voller Wirklichkeit, wie das Geschehnis des Tages. Er kleidet ihre Gestalten selbstverständlich auch in das Gewand seiner eigenen Zeit. Die Kenntnis der Begebenheiten der antiken Sage und Mythologie dagegen ist ihm nicht eingeboren, wenn man so sagen darf; diese bleiben für ihn etwas viel weniger Gefühltes und Erlebtes, sondern ein rein Erlerntes. Wenn wir ihn nun als einen Realisten begriffen haben, der, sich der Auffassung des Laien nähernd, weit mehr Gewicht auf den Inhalt der Darstellung legt, als es die anderen schon behandelten Künstler taten, so werden wir in dieser

Meinung bekräftigt wenn wir sehen, daß er viel weniger naturalistisch ist, sobald er Stoffe der antiken Geschichte behandelt. Hier stilisiert er zum Beispiel gleich einen heroischen Leibertyp mit enormem, auch hinten herausgewölbtem Brustkasten, mit dem bei den Frauen die Brust nicht organisch verwachsen ist, der gedacht und nicht geschaut ist. Ein auf die Wirklichkeit gerichteter Sinn verfiel eben sofort der Befangenheit, sobald er Stoffe zu behandeln hatte, die das Zeitgefühl nicht ohne weiteres zu modernisieren gestattete. Das hatte es bei biblischen Stoffen wohl nicht, bei den antiken aber schon verboten.

Daneben spricht natürlich auch noch mit, daß dieser ganze Stoffkreis dem Pencz

Abb. 67. H. Aldegrever: Susanna und die Ältesten vor dem Richter. B. 81. (Zu Seite 67.)

durch die italienische Kunst überliefert worden war und er ein Ideal von vornherein vorgesetzt erhielt, ehe er sich selbst eins von innen heraus schaffen konnte.

Trotz alledem verleugnet er sein Interesse am Stofflichen auch hier nicht, was sich schon einmal daraus ergibt, daß er weit mehr verschiedene Erzählungen namentlich aus der römischen Sage, illustriert, als die drei Nürnberger zusammen. Thomiris, Medea, Oenone, Procris, Scaevola, Curtius, Titus Manlius, Regulus, Lucretia (Abb. 59), Cocles (Abb. 60) und Porsenna (Abb. 61), Sophonisbe, Artemisia, Virginia (Abb. 63), die Einnahme Karthagos, die Geschichte des Zauberers Vergil, Aristoteles und Phyllis, Thetis bei Cheiron (Abb. 64), Parisurteil, Diana und Aktäon usw. füllen schon ein recht umfangreiches Programm aus und bieten manche Wiederholungen der Hauptsituation dar.

Scaevola (Abb. 58), Curtius, Titus Manlius, Regulus (B. 74 bis 77) zeigen noch manches Deutsche in den Typen, Thomiris (Abb. 55, Medea (Abb. 56), Oenone und Procris (B. 70 bis 73, Abb. 57) atmen weit mehr den Geist der italienischen Schule. Kulturgeschichtlich interessant ist das Fallbeil auf dem Titus Manlius-Blatt (B. 76) vom Jahre 1535. Ein ähnliches befindet sich auf einem Stich Aldegrevers vom Jahre 1553 (Abb. 74). Es berührt einen seltsam, daß solche Kunst, solche unverrückbare Tatsachen dermaßen in Vergessenheit geraten konnten, daß lange Zeit Guillot unbeanstandet als Erfinder des Fallbeiles gelten konnte.

Abb. 68. H. Aldegrever: Delila und Simson. B. 36. (Zu Seite 68.)

Bei der Sophonisbe (B. 82) nähert sich ausgesprochenermaßen nicht nur die Technik, sondern selbst das Format etwas der Marcantonschule, auch die Einfachheit des Hintergrundes ist undeutsch. Die Artemisia (B. 83, Abb. 62) sieht geradezu aus, als hätte Pencz sie nach einer Zeichnung Giulio Romanos geschaffen. Bei der Dido (B. 85) interessiert uns der Erzähler Pencz durch mancherlei Merkwürdigkeiten. Eigentümlich ist das Bett, gleichsam auf einen Kasten gelegt, ohne Fuß- und Seitenbretter. Die Vorstellung des Scheiterhaufens ist geradezu drollig. Einige Holzstücke liegen unter dem Bett, sie sind nicht einmal angezündet und können überhaupt nur den ziemlich Eingeweihten an die Geschichte vom Scheiterhaufen erinnern. Die Dido selbst ist vielleicht der schönste und edelste Frauenleib, den Pencz geschaffen hat. In ihrem Gesicht ringt der Künstler stark nach dem passenden Ausdruck, aber er ist ihm doch nicht recht gelungen.

Abb. 69. H. Aldegrever: Die Verkündigung. B. 38. (Zu Seite 68.)

Die Einnahme Karthagos (B. 66) schuf Pencz nach einer Komposition Giulio Romanos, dessen Name als Urheber auch auf dem Blatt selbst angebracht ist. Es ist seine einzige Arbeit, die einzige Schöpfung eines Kleinmeisters überhaupt, die ganz aus dem Rahmen fällt, den eben diese Bezeichnung steckt. Mit seinen 42×54 Zentimetern und der breiteren, wie radiert aussehenden Technik läßt es sich ohne weiteres neben die Blätter der Raimondischule und den Mantuanern stellen. Wie diese ist Pencz hier noch weniger farblich und stofflich als selbst er sonst ist. Bei aller äußerlichen Ähnlichkeit mit den Italienern fehlt aber die innere. Es ist vielleicht die uns unsympathischste Arbeit des Pencz, denn sie zeigt, daß unser Künstler sich beim Zeichnen in diesem Format nicht wohl fühlte, trotzdem er hier sogar nicht einmal Erfinder seiner Zeichnung ist. Die Einnahme Karthagos ist im Großen klein: es fehlen der Fluß, die großen Akzente, die ihm eben nicht geläufig waren, weil sein künstlerisches Schauen und seine Hand auf dieses Format nicht eingerichtet waren. Man hat einige anonyme Blätter der Raimondischule, unter anderem einen großen Stich des Raffaelloschen Kindermords dem Pencz zuschreiben wollen. Aber sie passen sich völlig den übrigen Werken der Schule an und können nicht von Pencz

Abb. 70. H. Aldegrever: Madonna. B. 50. (Zu Seite 66.)

herrühren, denn die Einnahme Karthagos beweist uns, wie ganz anders er aussieht, wenn seine Arbeit äußerlich den Bedingungen, unter denen die Raimondischule stach, angepaßt ist.

Die Blätter von der Schande und Rache Vergils (B. 67 u. 88) behandeln eine Sage, die unlängst in veränderter Form durch Richard Strauß' Oper „Feuersnot" wieder allgemeiner bekannt geworden ist. Im Mittelalter wurde seltsamerweise aus dem berühmten lateinischen Dichter Vergil ein Zauberer gemacht. Die Geschichte lautet, daß er sich einst von einer Hetäre gefoppt sah, die versprochen hatte, ihn in einem Korb zu sich hinauf zu leiern, ihn aber mitten in der Luft hängen ließ, so daß er nicht fort konnte und am Tage vom ganzen Stadtvolk verhöhnt wurde. Der Zauberer rächte sich, indem er die Stadt mit undurchdringlicher Finsternis belegte. Licht und Feuer können sich die Einwohner nur wieder beschaffen, indem sie ihre Fackeln an der Hetäre anzünden in der Weise, wie das zweite Blatt es angibt. Diese Situation fordert eigentlich die Behandlung als Beleuchtungsproblem auf das nachdrücklichste heraus. Wie so oft, vermissen wir wieder den leisesten Versuch eines wirklichen Realismus. Die Szene ist tageshell und die Flammen wirken nicht. Noch auffälliger ist der Mangel an Realistik auf dem ersten Blatt. Der Meister, der doch oft genug sich als guter Zeichner erweist, setzt sich über die Beachtung der richtigen Verhältnisse völlig hinweg, und zeichnete den Korb mit Vergil ungefähr fünfmal größer als das Fenster, durch das er Eintritt haben sollte.

Abb. 71. H. Aldegrever: Madonna. B. 52. (Zu Seite 66.)

Der genrehafte Aufputz des Parisurteils (B. 59) bringt uns die mehreren ähnlichen Lieblingsdarstellungen Cranachs ins Gedächtnis. Paris wird bei Pencz schlafend vorgeführt, und er wird von einem römischen Soldaten — denn so sieht der Götterbote Hermes aus — zu seinem Amt erweckt.

Der Bacchustriumph (B. 92) ist ein wirklicher Fries, der als Hochrelief aufzufassen und ausführbar wäre, wonach verschiedene Arbeiten des Beham und des Meisters I B sich nur neigen. Hier stehen die Figuren alle einzeln in derselben Fläche ohne irgendwelche Überschneidungen.

Die drei Folgen der Laster (B. 98 bis 104), der fünf Sinne (B. 105 bis 109) und der Freien Künste (B. 110 bis 116) erscheinen kompositionell von den Tugenden des Meisters I B angeregt. Die Frauengestalten sind etwas derber als gewöhnlich bei Pencz. Wie wir es bei Pencz nicht anders erwarten, gesellt er jeder Figur soviel

Attribute bei, daß ihr Zweck und Inhalt auf das allerdeutlichste klar werden; darüber hinaus ist er aber in der Erzählung zurückhaltend. Nachdem er ein oder zwei Merkmale gegeben hat, welche die Figur kennzeichnen als das was sie ist, bescheidet er sich und häuft hier nicht weitere Einzelheiten auf aus lauter Lust am Erzählen. Also gehören diese Blätter wiederum zu denen, welche die italienische Ader in ihm zeigen, die hier aber von seiten des Formgefühls nicht unterstützt wird.

Die sechs Triumphe (der Liebe, der Keuschheit, des Ruhmes, der Zeit, des Todes und der Ewigkeit Christi) des Petrarch (B. 117 bis 122, Abb. 65) bilden ebenfalls einen

Abb. 72. H. Aldegrever. Der Evangelist Johannes. B. 80. (Zu Seite 67.)

Zwitter in ihrer Mischung von Südlichem und Nordischem. In ihrer rein technischen und formalen Auffassung sind sie nicht hervorragend. Infolge ihres Formats schweben sie wieder unglücklicherweise zwischen zwei Kunstweisen: die Neigung, alles wie ein Hochrelief herauszuarbeiten, fällt uns auch bei dieser Folge auf. Dagegen ist die bildmäßige Erfassung des spröden Stoffes recht beachtenswert. Im Geist des Künstlers gestalteten die einzelnen Szenen sich zu einem Zug, den wir gut als ein kontinuierliches Ganze empfinden können, in dem die Hauptidee eines Triumphes kräftig in den Vordergrund gerückt wird, und in dem die mannigfaltigen Einzelheiten, die Pencz von dem Dichter-Erfinder der Allegorien übernehmen mußte, bescheiden zurückgehalten werden, so daß sie das Bildmäßige nicht zerstören.

Bei den wenigen Ornamentblättern des Penczs brauchen wir uns nicht aufzuhalten. Auf zweien (B. 123 u. 124) sind die Verhältnisse des Figürlichen zum Ganzen lange nicht so glücklich, wie bei den vorbehandelten Meistern. Die Figuren sind erheblich zu groß, und dann auch an und für sich in den Formen ziemlich plump.

Penczs Bildnis des Kurfürsten Johann Friedrich von Sachsen (B. 126) ist gut und vielleicht auch bedeutend zu nennen. In allen Stücken aber ist es etwas schwächer als die Bildnisse, die wir bereits betrachtet haben. Es ist etwas eintönig grauer, etwas weniger „farbig", etwas spröder in der Grabstichelführung, etwas schwächer in der Zeichnung (namentlich der Hände und Arme). Wie weit er darin von einer etwaigen Vorlage ungünstig beeinflußt war, ist fraglich. Zur Kunst steigert sich die Kunstfertigkeit am ehesten in den kleinen, den Kopf umgebenden Wappenschildern. — — —

Blicken wir nun im gleichzeitigen Deutschland umher, was dieser Nürnberger Gruppe wohl zur Seite zu setzen wäre, so finden wir nur zwei Namen: Heinrich Aldegrever und Albrecht Altdorfer. Altdorfer ist isolierter, aber Aldegrever hängt zum Teil mit den Nürnbergern zusammen und ist wohl in Verbindung mit ihnen zu betrachten. Er ist 1502 in Westfalen geboren und schafft dort bis 1555. Demnach ist er an Jahren kaum ihr Jünger, und doch stellt er eine zweite Etappe, einen Schritt weiter, wenn auch nicht einen Fortschritt in der Entwicklung dar.

Abb. 73. H. Aldegrever: Tarquinius und Lucretia. B. 63.
(Zu Seite 66.)

Mit Aldegrever setzt der Dekadent in der Geschichte des Stiches, die von den Anfängen über Schongauer, Dürer und die Nürnberger Kleinmeister schreitet, ein. Das zeigt sich auf die verschiedenste Art. Es zeigt sich einmal durch die große Sorgfalt, die er auf seelenlose, rein fingerfertige Technik verwendet. Im ganzen genommen sind seine Leistungen sauberer, glänzender, oder sagen wir lieber gleißender als die der vorangehenden Meister. An purer Geschicklichkeit hat mittlerweile die Kunst des Stechers einen Höhepunkt erreicht, von dem es wieder herab zur Spielerei führen muß.

Das Wort vom Dekadenten gilt aber nicht nur von der Technik, sondern auch vom Inhalt und der Form. Alles, was die anderen angegriffen haben, wiederholt Aldegrever mit dem unklaren Bewußtsein, ihm obliege es, die Sache zu vervollkommnen. Eigentlich haben die anderen sie ja schon erledigt. Aber wenn er seine Daseinsberechtigung dartun will, so fühlt er, daß er zeigen muß, die Geschichte habe sich noch nicht erschöpft, und hierzu bleibt ihm nichts anderes übrig als — zu übertreiben. Bei ihm tritt der Fall ein, der für die Kunst stets vom Übel war, nämlich, daß er nicht bloß daran zu denken hatte, ein Kunstwerk zu schaffen, sondern es **anders** zu schaffen, als es bereits geschehen war.

So war er gezwungen, damit anzufangen, freiwillig umzuformen, sich absichtlich von der Natur zu entfremden. Wer das mit feinstem Taktgefühl oder auch wohl mit überschäumender, hinreißender Kraft tut, den nennt die Nachwelt ein Genie. Wer aber hierzu das Zeug nicht in sich hat, den nennt sie einen Manieristen. Aldegrever besaß weder eine überwältigende Begabung noch einen sicher kontrollierenden Geschmack, und er ist ein typischer Manierist, wenn auch immer noch der erste, der am Anfang einer langen sich immer verschlechternden Reihe steht.

Stets, wenn eine Kunstepoche sich zu erschöpfen beginnt und die Manier einsetzt, finden wir, daß die Verhältnisse gestreckt, die menschlichen Körper in die Länge gezogen werden. So auch bei Aldegrever, dessen Menschen oft 8½ bis 9 Kopflängen aufweisen (Abb. 70). Stets, wenn der Höhe-

Abb. 74. H. Aldegrever: Titus Manlius. B. 78. (Zu Seite 60.)

punkt einer Bewegung überschritten worden ist, setzt, wie auch bei Aldegrever, das Überwuchern des Ornamentalen ein. Gerade daraus aber weiß er, dank seiner ganz besonderen Begabung, noch einmal Kapital zu schlagen; ich habe schon oben bemerkt, daß er gerade als Ornamentiker ungewöhnlich hoch steht, und auf diesem Gebiet scheinbar den Verfall der Entwicklung verdeckt.

Wenn wir bei der Durchsicht seines Werkes nun bald erkennen, wie viel weniger ursprünglich und frisch er als die Nürnberger ist, denen er doch in vielen Punkten gleicht, so finden wir es nicht ganz leicht, den Grund dieses Unterschiedes auf den ersten Blick anzugeben, zumal es offenkundig ein Unterschied ist, der nicht von dem Temperament eines einzelnen abhängt, sondern von dem Kunstideal einer Zeit. Die Zeit Aldegrevers war ja aber beinahe identisch mit derjenigen Behams.

Der Zwiespalt erklärt sich aber leicht aus dem Umstand, daß Aldegrever nicht allein mit Dürer und der oberdeutschen Kunst zusammenhängt, sondern auch mit der vlämisch-niederdeutschen. In den Niederlanden ist der Einfluß der italienischen Kunst viel früher nachweisbar als in der oberdeutschen. Durch die Nachahmung und die Abhängigkeit hatte sie stellenweise schon ihre Unbefangenheit verloren zu einer Zeit, als die gesamte oberdeutsche Kunst von der italienischen überhaupt noch nichts wußte. Es ist durch den Einfluß der niederdeutschen Tradition zustande gekommen, daß Aldegrever gegenüber den Nürnbergern gleichsam einer zweiten Generation angehört. Dieser Einfluß erklärt die Grundzüge seiner „Manier".

Über eine Reihe Aldegreverscher Blätter aus seinen ersten Jahren waltet als guter Stern Dürer. Hierher gehören z. B. das einzelne Blatt mit der Geschichte Lots (B. 13), das im Aufbau der Stadt und in der Faltenlegung der Gewänder, schließlich auch in dem recht gut gelungenen Versuch, die Sinnlichkeit der Weiber und die schwache Dummheit des Alten in den Gesichtern zu veranschaulichen, an Dürer gemahnt. Ferner sind es die Judith und die beiden Delilas vom Jahre 1528 (B. 34 bis 36, Abb. 68), alle noch herb und ohne Affektation, mehrere ernste und schlichte Madonnen, und endlich eine unvollendete Folge von Allegorien (B. 131 bis 134) aus dem Jahre 1528, die aus energischen, ernsten Gestalten, dem Glauben, der Unmäßigkeit, der Kraft und der Besonnenheit (mit dem Text „Respice finem") besteht. Letztere ist unmittelbar an Dürers Nemesis angelehnt. Die reiche Tracht ist überall naturalistisch beobachtet und artet nicht in den spielerisch ornamentalen Firlefanz aus, den Aldegrever fünfundzwanzig Jahre später pflegt. Diese engeren Beziehungen zum Modell, zur Natur in den früheren Stichen kann man auch im Laub verfolgen. Auf dem Adam von 1529 (B. 9) ist es noch im Sinne des Landschafters, der ein Ganzes sieht, behandelt. Auf dem späteren Adam (B. 10) ist es rein zum Goldschmiedsornament geworden.

Die Grundlagen der künstlerischen Anschauung bleiben bei Aldegrever in wesentlichen Punkten die gleichen wie bei den Nürnbergern. Stets sieht man die Elemente der Erzählung in einem Nebeneinander veranschaulicht, ohne daß auch nur der Versuch ernsthaft gemacht würde anzudeuten, wie sich die jeweilige Episode tatsächlich zugetragen haben mag. Die biblischen und die antik-historischen Blätter (Abb. 73) zeigen das deutlich. Nicht nur die Tracht ist nicht geschichtlich, die ganze Denkungsart ist es ebensowenig. Eine brennende Stadt, zwei Frauenzimmer, die einem alten Mann zutrinken, das sind die geistig, nicht sinnlich übermittelten Elemente, die die Geschichte Lots illustrieren, ohne eigentlichen Bezug auf die Einzelheiten der wirklichen Begebenheit zu nehmen.

Dagegen nicht nürnbergisch erscheint Aldegrever bereits, wenn wir unser Auge rein auf die bloß künstlerischen Fragen richten. Seine größere Schwäche offenbart sich schon darin, daß er nicht so künstlerisch mit Strichen und Flecken komponiert, wie die Beham. Es kommt ihm nicht der Gedanke, daß aus seinem Werk eine Harmonie sprechen kann und soll, die z. B. schon auf eine Entfernung wirkt, aus der die Einzelheiten gar nicht erkenntlich sind. Wenn wir diese Blätter ansehen, so tritt uns zuerst ein Gewirr von Hell und Dunkel entgegen und ein Zuviel an Zeichnung (Abb. 66 u. 69), aus dem wir nicht immer ohne Mühe und stets erst allmählich die Komposition herausklauben können. Hierbei müssen wir uns immer in die Einzelheiten verlieren.

Man vergleiche wiederum Aldegrevers Herkulestatenfolge (B. 82 bis 95, Abb. 76) mit der Behams, um die geringere künstlerische Kraft zu erkennen. Recht unglücklich komponiert er in die Höhe anstatt in die Breite mit dem Erfolg, daß alle seine Figuren viel zu groß für das Blatt erscheinen, da er sie ganz in den Vordergrund schiebt.

Abb. 75. H. Aldegrever: Mars. B. 76

Sie wirken, als ob sie auf der Bühne ständen, und die Natur dahinter Theaterszenerie wäre.

Nicht nürnbergisch endlich ist der geringere Grad von Hingebung und gewissenhaftem Fleiß, wie er sich z. B. in den Männerkämpfen (B. 70 u. 71) zeigt. Dieser Vorwurf trifft allerdings nur einen kleinen Teil der Arbeiten Aldegrevers, denn aus den meisten tritt es zutage, daß Aldegrever, was die Entwicklung der Technik anbelangt, an jener äußersten Grenze steht, wo eine Hinaufentwicklung nicht mehr möglich ist. Gerade die genannten Blätter beweisen aber, daß er wenigstens in einigen Fällen diese Grenze bereits überschritt und zeigen auch ihrerseits, daß er den Verfall einleitet. Denn ebensosehr ein Zeichen des Verfalls ist es, wenn das ernsthafte Interesse an der Technik nachläßt.

Er, der Späterkommende, tritt ganz selbstverständlich alles breit. Was zuerst nur in seinem Hauptmoment festgehalten wurde, muß bei Aldegrever gleich zur behäbig entwickelten Geschichte herhalten. Er schafft die Geschichte Lots in vier, Josephs

Abb. 76. H. Aldegrever: Herkules und Antäus. B. 96.
(Zu Seite 68.)

in vier, Amnon und Thamars in sieben, Susannens (Abb. 67) in drei, des guten Samariters in vier, des schlechten Reichen in fünf Blättern, usw. Seiner Lust am Fabulieren genügt ein Bild nicht.

Trotz seines Mangels an Realismus, d. h. trotzdem er nicht etwa versucht, der Geschichte ihr historisches Kolorit zu geben, wird man im ganzen und großen bei Aldegrever sogar noch besser aufgeklärt als bei Pencz über die Geschichte, die er vorführt: er erzählt sie wie eine Anekdote. Das gilt noch mehr von den mythologischen Stücken und läßt sich zum Teil wenigstens auf Aldegrevers außerordentliche Vorliebe für die Einzelheit zurückführen, die gelegentlich aber geradezu auf ein Betonen des Nebensächlichen hinausläuft.

Diesen letzteren Vorwurf verdienen wohl am meisten die Tugenden und Laster (B. 117 bis 130), jene stehend mit Waffen und Bannern, auf denen ihre Embleme angebracht sind, diese auf Tieren (die zugleich ihre Embleme sind) reitend, und eben diese Embleme nochmals auf Bannern und Wappen hochhaltend. Das Anhäufen der Einzelheiten, das zuviel Erzählenwollen hat eine gräßliche Unruhe, ein förmliches Gewühl zufolge (siehe auch z. B. die Evangelisten, B. 57 bis 60, Abb. 72), das, wie schon gesagt, so viele seiner Werke auf den ersten Blick wirr erscheinen läßt. Es fehlt ihm hierin eben der Geschmack, wie er ihm fehlte, als er seine Heraklesgestalten zu groß für die Platten zeichnete, wie er ihm auch fehlte bei der Modellierung dieser Heraklesleiber, die zu sehr überlegt ist und sich mit dem eignen Können brüstet.

5*

Auch darin erweist sich die mindere künstlerische Kraft Aldegrevers, daß er uns eine so reiche kulturgeschichtliche Ausbeute darbietet. Das große Genie holt sich aus seiner Zeit nur etwas heraus, um es zu verarbeiten, um ihm den Stempel seines eigenen künstlerischen Willens aufzudrücken. Das Talent zweiten Ranges bescheidet sich gern damit, die Zeit abzuspiegeln. Kaum ein Meister gab uns ein besseres Abbild der äußeren Erscheinung seiner Mitwelt, als Aldegrever. Die biblischen und antiken Blätter sind reiche Fundgruben für die Kostümkunde, und als solche fesseln sie uns noch, auch wenn wir uns über die Verballhornisierung Marcantonscher Vorbilder ärgern. Zu dem glänzendsten dieser Art gehören die Folgen der kleinen (B. 144 bis 151 und 152 bis 159) und großen Hochzeitstänzer (B. 160 bis 171, Abb. 78 u. 79). Besonders die große Folge, mit Figuren bis zu elf Zentimeter Höhe, bildet den Höhepunkt seines Werkes. Er scheint stolz auf die Arbeit gewesen zu sein und erledigt sie, als ob sie eine hohe Pflicht gewesen wäre. Die ursprünglicheren Gebrüder Beham zog es hinab in die unteren Schichten, wo Derbheit und Kraft zu erkennen waren.

Abb. 77. H. Aldegrever: Der Tod und der Bischof. B. 141. (Zu Seite 70.)

Dem überlegteren Genossen war die vornehme Geziertheit der höheren Stände sympathischer, und er fühlte sich dazu hingezogen, dem Treiben der eleganteren Kreise lieber als der Ausgelassenheit des Volkes ein Denkmal zu setzen. Jeder arbeitet ganz selbstverständlich ebensosehr mit als für die Volksschicht, die seinem Empfindungsleben ohne weiteres nahe steht. Die Zeit der Geschraubtheit, da vornehme Grafen für Proleten malen, Leute ohne Schulbildung sich philosophische Themata heraussuchen und derlei Ungereimtes mehr, war noch nicht gekommen.

Zwischen der kleinen Folge von 1538 und jener von 1551 ist nicht viel Unterschied bemerkbar. In der früheren arbeitet Aldegrever mit etwas größeren, ruhigeren Lichtflecken und er ist ungeschickter im Einpassen der Figuren in den verfügbaren Raum. Das verbessert er in der aparten großen Folge (B. 160 bis 171) und in der späteren kleinen. Die feierliche Grandezza sticht von dem lauten Gebaren der Behamschen Tänzer ab. Während Beham das Treiben darstellen will, kommt es Aldegrever offenkundig in der Hauptsächlichkeit auf die Tracht an. Merkwürdig schlecht mißlang dem Techniker der Schleier auf Bartsch 168.

Abb. 78. H. Aldegrever: Vornehmes Hochzeits-Tänzerpaar. B. 162. (Zu Seite 68.)

Von den unschicklichen Darstellungen Aldegrevers ist eine Kopie nach Beham.

Eine andere ist sittengeschichtlich wegen ihrer Spitze gegen das Mönchstum interessant. Sie fällt auf bei dem Künstler, der seinem Gottvater die päpstliche Tiara aufsetzte.

Die großen Bildnisse Aldegrevers, Wilhelm, Herzog von Jülich (B. 181), Jan van Leiden (B. 182) und Knipperdolling (B. 183) können sich, im ganzen genommen, recht wohl neben denjenigen der Beham und des Pencz sehen lassen. Seine Aufgabe hat er ernst genug genommen: neben dem Fleiß, im besten Sinne des Wortes, fällt ein wenig Nüchternheit auf. Auch hier erkennt man, daß peinliche Sorgfalt auf die Nebendinge verwendet wird. Bei dem Wiedertäufer Jan van Leiden hat man den Eindruck, daß Aldegrever sich nicht nur von seinem Gesicht, sondern auch von seinem Gehör hatte beeinflussen lassen. Schon früher hatte er erzählt bekommen, welch merkwürdige Eigentümlichkeiten es in der Erscheinung des „Königs von Sion" gab, die dicke Halsader, die absonderlichen Ornamente und Amulette, mit denen er sich behängte. Auf alle diese Nebendinge verschwendete er viel von seiner Hauptkraft. Er hebt sie heraus, als wäre das Ziel seiner Wünsche nicht so sehr, einen Eindruck der Person zu übermitteln als etwa vom Betrachter die Laute der Genugtuung zu hören, mit denen er alles, was er bereits über Jan van Leiden weiß, nun auch in diesem Bildnis wiederfindet. In der Tat hat Aldegrever wahrscheinlich von Jan van Leiden ein Bildnis gezeichnet, kurz nachdem er gefangen genommen worden war. Nach dem Leben zeichnete er aber nur den Kopf. Die reichen Zutaten konstruierte er aus der Beschreibung und das Brokatmuster der Ärmel z. B.

Abb. 79. H. Aldegrever: Hochzeitsmusikanten. B. 171. (Zu Seite 68.)

entlehnte er einfach einem Behambildnis. Für Aldegrever war der Wiedertäuferkönig ein Wundertier. Er selbst war nicht dessen Glaubensgenosse, der ihn etwa aus Begeisterung abkonterfeit hätte; er zeichnete ihn vielmehr im Auftrage des Bischofs von Münster, um Deutschland ein Bildnis des Mirakels zu erhalten, welches das Land mit so viel Staunen erfüllt hatte.

Die kleineren Bildnisse: Luther (B. 184), Melanchthon (B. 185), Albert von der Helle (B. 186, Abb. 81), das Selbstbildnis im 35. Jahre (B. 189) gehören zum Typ der Dürerbildnisse und des Behamschen Ed, sind aber entschieden weichlicher, marklofer und auch technisch leerer als die Vorbilder. Ausgezeichnet aber ist das noch kleinere Selbstbildnis vom Jahre 1530, im Alter von 28 Jahren gestochen, überhaupt das beste und lebensvollste unter allen Albegreverschen Bildnissen. Aus dem Kopf hat er etwas Charaktervolles gemacht: der Mensch in ihm ist zu etwas Ungewöhnlichem heraufgehoben worden. Es mag nicht die äußerliche Ähnlichkeit in dem Maße wie das spätere Selbstbildnis (B. 189) besitzen: dafür hat es aber einen ungleich höheren künstlerischen Wert als Umschöpfung der Natur.

Auf die Bedeutung Albegrevers in seinen Ornamentblättern (Abb. 82, 83, 84, 86 und 87) ist schon oben hingewiesen worden. Da er Italien nicht selbst besuchte, sondern seine Anregung aus zweiter Hand empfing, verblieb er auch freier gegenüber dem Vorbild als die Nürnberger. Er verarbeitet die italienischen Vorbilder wirklich, und bildet sie viel weiter in deutschem Geist um. Daher seine größere Derbheit und sein größeres Kompositionstalent. Im Gleichgewicht füllen die Glieder der Verzierung bei ihm die gegebene Fläche aus. Er entwickelt nicht nur eine reiche, sondern eine frisch-schaffende Phantasie und hat den geistigen Mut, in neue Bahnen einzulenken. Sein Ornament, da es sich von der Ausübung des Handwerkes entfernt, wäre ohne diese Begabung spielerisch leer geworden. So aber hebt er es auf ein eigenes Postament herauf, auf dem es als etwas selbständig Schönes erscheint, trotzdem es sich nicht ganz dem bisherigen Stilempfinden anpaßt. Er führt die Asymmetrie ein: in der Flächenverzierung von Geräten legt er Gewicht auf eine stärkere Plastizität. Der Schritt vom einfach eingegrabenen Ornament zum völlig dreidimensional-modellierten ist bei ihm zur Vollendung geführt. Bei Albegrever tritt auch das rein theoretische Zierstück, dessen Anwendung noch gar nicht feststeht, etwas zurück gegen das schon in seiner endgültigen Form vorgeführte Ornament. Er hat in Originalgröße ganze Dolch- und kurze Schwertscheiden (Abb. 65), Schnallen, Löffel, Bestecke gestochen mit einer Ausführlichkeit, daß die Stiche direkt als Vorlagen für die Gold- und Silberschmiede zu gebrauchen waren. Diese Meisterwerke der Ornamentik bilden auch die dauerndste Grundlage seines Ruhmes.

Abb. 80. H. Albegrever: Der Landsknecht. B. 174.

Zum Schluß will ich noch mit einem Wort auf die kleine Folge von Totentanzbildern hinweisen (B. 135 bis 142, Abb. 77). Albegrever hat acht der Holbeinschen Holzschnitte frei nachgebildet, drei Jahre nach deren Erscheinen in Buchform. Die Feinheit und Einfachheit der Originale werden freilich nicht erreicht. Die Abhängigkeit zeigt sich vielleicht beim „Papst" am klarsten. — — —

Am sympathischsten unter allen Kleinmeistern ist uns heutzutage zweifellos der älteste und abseitsstehende Albrecht Altdorfer von Regensburg, den man auch im Gegensatz zu Dürer den „kleinen" Albrecht geheißen hat. Man kann mit Bezug auf seine Kunst durchaus von dem süßen Kern in der rauhen Schale sprechen. Kein anderer, selbst nicht Dürer, legt eine so tiefe Empfindung in sein Werk hinein, wie er. Altdorfer läßt sich nicht von dem zwar glänzenden und harmonischen, aber immer doch noch mehr durchdachten als rein gefühlten Kunstleben der Italiener leiten. Aller Äußerlichkeit ist er abhold. Also bildet er auch die Technik nicht so durch, verfeinert sie nicht dermaßen, wie die Nürnberger und die Westdeutschen es tun. Wenn sie aber bei ihm daher nicht so ausdrucksfähig ist, wenn er es sich nicht die gleiche Mühe kosten läßt, um die Zeichnung zu beherrschen wie jene, wenn er endlich zurückhaltend gegenüber theoretischen Schönheitsprinzipien verharrt, so wirkt sein Schaffen trotzdem nicht etwa leerer oder gar oberflächlicher als das jener Meister, denn es steckt weit mehr Menschlichkeit darin. Er hat weit mehr innerlich erlebt, als alle die übrigen Kleinmeister, die wir genannt haben, und besitzt eine Gemütstiefe, die derjenigen Dürers gleichkommt, ja, die sich sogar leichter, unmittelbarer offenbart, weil sie nicht von dem großen und hohen Wollen jenes hehren Meisters eingeschüchtert und überwältigt wird.

Abb. 51. H. Aldegrever: Albert von der Helle. B 186. (Zu Seite 89.)

Um eine banale Phrase zu gebrauchen — kein anderer Kleinmeister spricht so zu Herzen, wie Altdorfer. Keiner legt uns dermaßen die Seele seiner eigenen Zeit bar, wie er. Das tut er, wie drei Jahrhunderte später Ludwig Richter, in köstlicher Absichtslosigkeit und rein unbewußt. Er nimmt sich nie vor, uns über etwas aufzuklären, er boziert nie. Aber seine Seele ist durchsättigt mit dem Leib und der Freude, mit der Sehnsucht und der Angst seiner Mitmenschen. Das ist das eigentliche Thema seiner Kunst, mag sein Werk sich äußerlich auch an irgendeine bekannte Geschichte anklammern.

Daß unsere Künstler ganz selbstverständlicher Weise alles in die Tracht der eigenen Zeit verlegen, habe ich schon mehrfach bemerkt. Niemand hat aber so wenig wie Altdorfer den Versuch gemacht, seine Menschen für das Bildmäßige herauszuputzen. Bei keinem haben wir dermaßen wie bei ihm die Überzeugung, daß er zwar im Kunststil aufgewachsen war und mit den Mitteln der Tradition als mit etwas Gegebenem arbeitete, daß ihm aber der menschliche Inhalt, die Mitteilung eines Erlebnisses die Hauptsache war, vor der alle anderen Gesichtspunkte in zweiter Linie zurücktreten. Er zeigt als erster den merkwürdig modernen Zug, daß er historische Situationen mit der Psychologie des lebenden Tages zu erfassen sucht. Nicht einen Augenblick denkt er daran, aus einer Regensburgerin des sechzehnten Jahrhunderts eine Maria oder eine Thisbe machen zu wollen, sondern er will aus der Maria, aus der Thisbe eine Regensburgerin machen. Und was er auch vornimmt, so sucht er das Fremde in den heimischen Sprachgebrauch zu übersetzen, das geschichtliche Ereignis so erscheinen zu lassen, wie es ausgesehen haben dürfte, wenn es zu seiner Zeit passiert wäre.

Man kann bei ihm, gegenüber dem Erzählerrealismus des Pencz und Aldegrever, von einem psychologischen Realismus sprechen.

Im einzelnen läßt sich das von einem sympathischen Geiste viel leichter erfassen als erklären. Am ersten erkennen wir die Wahrheit des Gesagten, wenn wir die Mimik der Altdorferschen Menschen beobachten, z. B. auf solchen Blättern, wie Christi Abschied von Maria (B. 9) oder dem kleinen Heiland (B. 10). Seine Formenphantasie ist auf das innigste mit dem Erlebnisse verknüpft. Was er gesehen hat, das verewigt er, ohne es aus dem Wissen oder aus der Theorie heraus modifizieren zu wollen; auch unbekümmert um den Gedanken, daß jemand den Einwand erheben könnte, die Mutter Gottes könnte doch lieblicher, das Jesuskind doch mit einem erhabeneren Ausdruck dargestellt werden. Man könnte fast glauben, daß es ihm schwer gefallen sein muß, dem Bilde die Etikette, den Namen aufzudrücken. Vielleicht hätte er es am liebsten gesehen, wenn er die Blättchen einfach als „Abschied" und „Kind" in die Welt hätte schicken dürfen.

Altdorfers Kunst ist ganz auf das Intime eingestellt. Bei Dürer haben wir meist immer noch den Eindruck, wenn er kleine abgelauschte Züge in seine Kompositionen einfügt, daß er es mit Überlegung tut, um den Beschauer gefangen zu nehmen, um seines Interesses für die Hauptsache der Darstellung sicher zu gehen, das er eben dadurch gewinnt, daß er kleine, leichtverständliche, ihn unmittelbar ansprechende Nebensächlichkeiten als Lockspeise bietet.

Abb. 61. H. Aldegrever: Zweifüllung. B. 238.
(Zu Seite 70.)

Aber bei Altdorfer ist das Nebensächliche, das genrehaft Naturalistische ganz und gar naiv.

Die Nürnberger gehen in ihrer Auffassung immer von der Idee aus, entweder von der Idee, die der Inhalt der Situation mit sich bringt, oder von einer stilistisch-künstlerischen Idee. Sie nehmen keine Rücksicht

auf die historische Wirklichkeit, geben sich aber auch
nicht die Mühe, die Logik der Situation besonders
klar zu legen. Altdorfer dagegen geht immer von einem
wirklichen Geschehnis aus, von einem stark erfaßten
Vorgang, dem dann nur leicht ein Mantel über-
geworfen wird, so daß er zur Not die biblische oder
weltliche Episode illustriert, deren Überschrift das Blatt
trägt. Bei dem reizenden Blatte, auf dem Anna für
die Maria die Wiege dem Christuskinde zurecht macht
(B. 14, Abb. 90), ist man überzeugt davon, daß unser
Künstler den bürgerlichen Vorgang einmal beobachtet
hat, ihn verewigen wollte und nur nachträglich durch
Heiligenschein das Motiv in die biblische Legende ver-
setzt hat. Genau so müssen wir den heiligen Hieronymus (B. 22, Abb. 93) erklären, denn das Motiv
des Blattes hat nichts mit der Heiligenlegende gemein.
Er hat einmal einen Mann in Regensburg eine Mauer
entlang schreiten sehen — der Bau hinten lehnt sich
an alte Regensburger Kirchen an —, und das Motiv
hat ihn aus irgendeinem Grunde künstlerisch gefesselt,
so daß er es auf das Papier brachte. Einen heiligen
Hieronymus daraus zu machen, kann ihm erst in
zweiter Linie eingefallen sein: andernfalls hätte er sich
enger an die Legende des Heiligen gehalten.

Wie ungeheuer immanent ist die Gebärde der
Frau, die sich zwischen den Säulen vorbeugt (B. 24,
Abb. 94) und in lebhafter Unterhaltung begriffen ist.
Gewiß hat Altdorfer auch das einmal vor Augen gehabt; so etwas konstruiert man nicht mit seinem
geistigen Auge. Hinter dem Geschehnis lag ein trei-
bender Grund, und diesen hat der Künstler nicht mit
in sein Werk hinübergenommen. Das Augenblicks-
mäßige der Situation wird noch dadurch verschärft,
daß deren eine Hälfte fehlt. Mit wem die Frau
spricht, sehen wir nicht. Man möchte meinen, die
Platte sei rechts durchschnitten worden. Und in diesem
Falle ist nicht einmal zu guter Letzt eine deutliche
Etikette dem Bild angeklebt worden. Das Blatt wird
bald „Der Klosterhof", bald „Die Nonne" genannt.
Sicherlich aber ist irgendeine biblische Episode gemeint;
möglicherweise Maria, wie sie nach dem verlorenen
Jesusknaben fragt, der hinten herbeigebracht wird.

Als merkwürdig modern frappiert es uns, daß
Altdorfer gar nicht das Gefühl hat, er müsse seine
Komposition innerhalb des gegebenen Raumes ab-
runden. Auf Simson trägt die Tore von Gaza (B. 2),

Abb. 93. H. Aldegrever: Hochstellung.
II. 256. (Zu Seite 70.)

schneidet der Bildrand links und rechts Stücke vom Tore ab. Auf der Ruhe auf
der Flucht (B. 5, Abb. 88) wird Josephs Rücken, auf Jesu Abschied (B. 9) wird Mariens
rechter Arm, auf dem Wiegenbild (B. 14, Abb. 90) die Figur Annas durchschnitten.
Das verleiht den Blättern einen ungewöhnlich hohen Grad von realistischer Aktualität.
Wir haben den Eindruck, daß Altdorfer so auf die schnelle Erfassung des Geschauten
bedacht war, daß er nicht Zeit gehabt hatte, um sich alles hübsch zurecht zu legen,
um die genauen Proportionen festzustellen, die es erlaubt hätten, alles auf die Platte
zu bringen. Das Element des Impulsiven, auf das wir heute, gegenüber der Re-

flexion in der Kunst, so großes Gewicht legen, bildet einen wichtigen Teil des Altdorferschen Schaffens.

Wir konnten feststellen, daß das seelische Leben seiner Zeit, wie es sich im täglichen Gebaren kundgibt, der eigentliche Inhalt seiner Kunst sei, nicht etwa der Mensch als Körper. Dagegen beweist der Umstand, daß er einiges frei nach italienischen Vorbildern (z. B. eine Satyrszene, B. 38, Abb. 95, zwei Venus mit Amor-Bildchen, B. 33 u. 34) kopiert, nichts. Denn gerade dabei zeigt es sich am deutlichsten, wie Altdorfer ganz andere Ziele als die Italiener verfolgt. Selbst hier vernachlässigt er geradezu die Aktzeichnung als solche und modernisiert (für seine Zeit) die mythischen Figuren. Wenn er überhaupt daneben ästhetische Fragen verfolgt, so sind es höchstens solche dekorativ-graphischer Natur.

Der impulsiv-intime Charakter seines Wesens offenbart sich nun auch in Altdorfers Verhältnis zur Landschaft. Es wird den Lesern bekannt sein, daß er als Maler der Vater der Landschaft in Deutschland ist, der die wirklich älteste, reine Landschaft gemalt hat. Auch hierin war er, wenn man so will, weitergeschritten als Dürer. Dürer interessierte sich zum großen Teil für das Merkwürdige in der Natur. Das steigert er noch in seiner Eigenart. Bei ihm sind die Alpen noch schroffer, als in der Wirklichkeit; er verschmilzt zwei Naturmotive von befestigten Städten, um ein noch eigenartigeres Ganze hervorzubringen, als die Wirklichkeit zeitigte. Die ihm nachfolgenden Nürn-

Abb. 84. H. Aldegrever: Kinderspiele. B. 267. (Zu Seite 70.)

berger beschäftigen sich eigentlich wenig genug mit der Landschaft. Sie ist ihnen nur Kulisse und Hintergrundsprospekt für die Handlung. Sie dient nur dazu, den Raum etwas näher zu umschreiben.

Dagegen ist, was Altdorfer uns bietet, Reichtum. Er ist zufrieden, die Natur zu nehmen, wie sie ist, wenigstens geht er darin viel weiter, als die anderen. Bei ihm aber allein stehen die Figuren richtig in der Landschaft drin, verquickt sich alles zu einem harmonischen Bilde, auf dem jeder Bestandteil im richtigen Verhältnis zum anderen steht. Man sehe daraufhin die prächtige Madonna (B. 17, Abb. 92), den Hieronymus (B. 21), den Christopher (B. 19), den Georg (B. 20) oder Pyramus und Thisbe (B. 44) an. Altdorfer, endlich, hat auch die wirkliche Landschaft (Abb. 98) ohne Staffage in die Schwarz-Weiß-Kunst eingeführt. Er hat gleich gefühlt, daß sich hier die besondere Technik, die Radierung, hierzu am besten eignet. Er hat gleich die Intuition gehabt, daß sowohl die Technik als das Thema den wahren Künstler auf das Andeuten, das Auslassenkönnen hinweisen.

Das Bild, das wir von Altdorfer haben, wird noch klarer als es schon ist, wenn wir erfahren, daß er auch der erste Vedutenzeichner war. Es ist schließlich eine Vorahnung von dem, was Méryon für das dem Untergang geweihte Paris tat, wenn er zwei Ansichten der alten Regensburger Synagoge vor ihrer Zerstörung schafft. Auf Bartsch 63, dem Innern des Baues, lesen wir: „Anno Dni. DXIX Jvdaica Ratispona Synagoga. Jvsto Dei Jvdicio Fondit". Est. Eversa". Auf Bartsch 64, mit dem

Eingang: „Porticvs Synagogae Judaicae Ratisbonen Fracta 21 Die Feb. Ann. 1519." Es interessiert den Menschen, der so ganz in seiner Zeit lebt, was sie tut, in diesem Falle, daß sie das Gebäude zugrunde gehen läßt. Und in seiner Erinnerung daran, drückt er gleich die Art seines Interesses aus.

Eigentlich störend im Werk dieses prächtigen Meisters erscheint mir nur die Folge der großen Vasen. Man sollte glauben, daß ein so verständiger Künstler wie Altdorfer sich daran gestoßen haben müßte, hier zur Radierung zu greifen. Er müßte doch auch empfunden haben, daß für diesen Vorwurf der glänzende Stichel, der scharf arbeitet und so der Form wie der feineren Ornamentik allein gerecht wird, von seiner Fähigkeit, die Stofflichkeit zu beherrschen, ganz zu schweigen, das einzige Mittel war. Ich möchte fast glauben, daß diese Folge gar nicht auf des Meisters Initiative zurückgeht, sondern eine rein bestellte Arbeit war.

Die eine besonders reizvolle Seite der Altdorferschen Kunst, die Landschaftsdarstellung, griff Augustin Hirschvogel auf. Hirschvogel gehörte einer Nürnberger Künstlerfamilie an, und war in der fränkischen Hauptstadt um 1503 geboren, beschloß sein Leben aber in Wien um 1569, wo er über dreißig Jahre lang sich aufgehalten hatte. Er war ein äußerst beweglicher, vielseitiger Geist und nicht allein Graphiker, sondern zugleich auch Glasmaler, Glasbrenner, Töpfer, Musiker, Geometer, Ingenieur und Wappenschneider. Einige seiner Landschaften sind bereits 1525 batiert, die meisten stammen aber aus den vierziger und fünfziger Jahren. Er zeigt fast noch reiferes Verständnis für das Wesen der Ätzkunst als selbst Altdorfer. Denn er führt die Nadel nicht nur mit ungemeiner Leichtigkeit in den kleinen Blättern (B. 50 bis 54, 58, 61, 65, 67, 69, 70), sondern hält auch bei größeren (B. 66, 68, Abb. 99, Abb. 100) mit feinstem Geschmack zurück und entfaltet die Kraft seiner Andeutung in glänzender Weise. Es scheint aber, daß er noch weiter gegangen ist. Der ferne Bergrücken ganz links auf dem Blatt Bartsch 66 ist offenkundig zarter im Strich, als die übrigen Teile des Blattes. Vielleicht hat Hirschvogel eine spitzere Nadel dazu verwandt. Zu der Annahme, daß er „gedeckt" habe, demnach das Geheimnis der Luftperspektive, wie sie die Radierung allein ermöglicht, entdeckt habe, berechtigt uns das sonstige Aussehen seiner Blätter nicht. Aber es scheint doch wenigstens,

Abb. 85. H. Albegrever: Die Schwertscheide. B. 270. (Zu Seite 70.)

Abb. 64. H. Albegrever: Grotesle. B. 282.
(Zu Seite 76.)

daß ihm dieses künstlerische Ziel vor Augen geschwebt habe.

Das muß man erkennen und bewundern in Hirschvogels Landschaften, trotzdem im übrigen seine Zeichnung gelegentlich unbeholfen und seine Häuser manchmal wacklig sind (B. 76).

Sonst schuf er Jagdszenen, biblische Illustrationen und besonders Bildnisse, die ihn aber alle aus unserem Betrachtungskreis herausreißen, da sie im Format zu groß sind und überhaupt im Geist nicht viel mit den Kleinmeistern gemein haben.

Das gilt in noch höherem Maße von Hans Sebald Lautensack, der an Hirschvogel anknüpfte, trotzdem er zu Bamberg geboren war, bald zu den Nürnbergern zählte und zuletzt auch nach Wien übersiedelte. Die Bildniskunst (Abb. 101) vergröbert sich bei ihm in der Auffassung und dem Format, wenn auch nicht in der Technik. In den kleinen Landschaften (B. 24 bis 44, Abb. 102 u. 103) und in den großen (B. 50, 51, 56, 57), meist mit biblischer Staffage, hält er, allgemein genommen, an dem Altdorfer-Hirschvogelschen Geist der Radierung fest. Er kann sich aber gegenüber der Einzelheit in der Natur nicht so beherrschen wie jene, und wo Hirschvogel einen Wald auf fernem Abhang mit ein paar Hälkchen andeutet, bedeckt Lautensack die ganze Seite des Berges mit Arbeiten. Dadurch wirken seine Blätter überfüllt, wollig gleichsam, und die Luftperspektive geht verloren. — —

Noch zwei weitere Künstler nennt man, die mit den schon angeführten eine erste Auswahl der Kleinmeister ausmachen. Aber Jacob Bink und Hans Brosamer sind schon so entschieden minderbedeutend gegenüber den Künstlern, die wir schon betrachtet haben, daß sie es hauptsächlich dem Umfang ihres Werkes zu verdanken haben, wenn man sie nicht schlankweg in die zweite Wahl wirft.

Bink ist vielleicht 1504 — vielleicht noch vor der Jahrhundertwende, man weiß es nicht bestimmt — in Köln geboren. Von den ersten dreißig Jahren seines Lebens weiß man nur, was seine graphischen Arbeiten von ihm erzählen. Dann ging eine äußere, und wie es scheint, auch eine innere Wandlung mit ihm vor. Um 1540 begegnen wir ihm in Kopenhagen als Hofmaler des Königs Christian von Dänemark. Von 1543 ist er mit Unterbrechungen in Königsberg tätig, wo er zu großem Ansehen gelangte, und vermutlich im Sommer 1569 starb. Er schuf dort Denkmünzen, Teile der Täfelung im sogenannten Geburtszimmer des Schlosses, Bildnisse, Denkmäler, getriebene Arbeiten in Metall, Holzschnitzereien und andere kunstgewerbliche Arbeiten. Wenngleich er nie eine monumentale Größe entwickelte, sondern in allem was er angriff, der Kleinmeister blieb, so entfaltete er doch ein biegsames Können, eine beachtenswerte Phantasie und überhaupt eine freie Künstlerschaft. Das nimmt uns wunder, weil die Tätigkeit, mit der wir uns zu beschäftigen haben, seine Kupferstecherei nämlich, die fast gänzlich in die ersten dreißig Jahre seines Lebens fällt, nicht im mindesten hierauf schließen läßt. Als Kleinmeister auch auf dem Gebiet des Stichs erweist er sich wohl formgewandt, aber in dem Sinne, daß er ohne eigene Zutat alles kopiert, was ihm unter die Hände kommt.

Bink läßt sich nicht etwa von den anderen anregen, sondern er schreibt sie einfach ab. Das ist die Grundlage seiner Vielseitigkeit: daher vermuten wir in ihm bald einen Italiener, bald einen Nürnberger, bald einen Westfalen, bald einen romanen Niederländer zu erkennen (Abb. 104 u. 105). Von direkten Kopien sind zu nennen: Noahs Söhne (P. 98), nach Raimondi; der raffaelische Kindermord (B. 11), nach Marco Dente; eine ganze Folge nach Caraglio; Die Kreuzigung (P. 112), nach Schongauer; Kain und Abel, nach Lucas van Leiden; Mann mit Liebchen (P. 116), nach einem Holzschnitt

Balbungs, Bildnis nach B. von Orleij; mehrere Blätter, darunter auch den Holzschnitt Martertod Johannis, nach Dürer; andere nach dem Meister S., und eine ganze Anzahl von Blättern, nach den beiden Beham. Auf einem Blatt reproduzierte er ein Gemälde des Jan Gossaert, seines niederländischen Zeitgenossen.

Der Umstand scheint mir nicht ohne Bedeutung zu sein. Es ist meines Wissens der erste Fall, daß in der Geschichte des deutschen Stiches ein Meister seine Kunst zur Handlangerin, zur Dienerin der Malerei erniedrigt; daß er, anstatt sein neues Gebilde direkt aus der Natur zu schaffen, einfach die Schöpfung eines anderen reproduziert. Wenn sich an diesen Fall auch nichts unmittelbar knüpfen läßt, so ist er doch symptomatisch für den Geist unseres Künstlers.

Aus einer ganzen Reihe seiner Arbeiten geht klar hervor, daß Bink in Italien gewesen sein muß. Die Folge der Planeten und Gottheiten (B. 26 bis 45), die nach Jacopo Caraglio kopiert ist und die er voll mit „Jacobvs Binck Coloniensis Fecit 1530" bezeichnet hat, würde uns mitten in einem Bande italienischer Stiche, denen sie im Format und der Technik gleichen, nicht auffallen, wohl aber wenn sie mit den Nürnberger Kleinmeistern in einem Bande stäken. Hätte Bink die Blätter etwa nur in der Heimat gesehen und sie hier kopiert, so wären sie sicherlich nicht so ganz undeutsch ausgefallen.

Von Binks Besuch in Rom erzählt weiter das historisch ungewöhnlich interessante Blatt, auf dem wir das Turnier sehen, das Pius IV. im Hofe des Vatikans veranstaltete. Der Stich ist zwar angezweifelt worden, aber das Monogramm, mit dem er bezeichnet ist, ist ganz genau dasjenige Binks. Die Zeichenkunst ist so minderwertig, daß wir dem Blatt auf den ersten Blick ein höheres Alter zuschreiben würden, als es tatsächlich besitzt. Die Behandlung großer Volksmassen geschieht ohne die leiseste Einsicht. Wenn man es betrachtet und sich gleichzeitig die Kunst Callots in Erinnerung ruft, kann man nur lächeln. Der kulturgeschichtliche Wert der Arbeit läßt sie uns aber trotzdem hochschätzen. Sie verrät uns, in welchem Zustand dieser Teil des Vatikans sich in jenem Jahre befand; ferner, wie man derartige Feste arrangierte. Entlang der Mauern des Hofes wurden gedeckte Tribünen erbaut, die sich im allgemeinen an den Logenaufbau des Theaters anlehnen. Zu unterst stehen die Ritter mit ihren Pferden, in dem ersten Rang, sozusagen, und darüber sitzt das Publikum. Hinten im Halbrund, wie im Amphitheater, befinden sich die Hauptgäste, mit einer Galerie darüber. Derartige Gelegenheitsanlagen wurden weiter entwickelt, bis sie in solchen Gebäuden, wie dem sogenannten Zwinger in Dresden, ihren Höhepunkt und Abschluß fanden.

Bink hat auch einige Landschaften radiert, die unter rauhem und fleckigem Aussehen leiden,

Abb. 87. H. Aldegrever: Hochfüllung.
H. 948. (Zu Seite 70.)

Abb. 88. A. Altdorfer: Ruhe auf der Flucht nach Ägypten H. 5. (Zu Seite 73.)

aber sonst nicht ohne Reiz sind. Am besten, als stecherische Leistung genommen, ist bei Bink wiederum das Bildnis. Bei seinem Lukas Cassel (B. 93) nimmt er für die ganze mise-en-scène Dürers Melanchthon zum Vorbild, dem er die Augenspiegelung, die Lustbehandlung, die Schrifttafelanlage usw. entlehnt. Man darf den großen Namen aber nicht nennen, ohne gleich auf den Unterschied zu bringen, die knochenlose Modellierung, die schlechte Zeichnung mit dem überdicken Hals und die flaue Auffassung, die dem Charakter des Menschen nicht gerecht zu werden scheint. Unter den weiteren Bildnissen darf man dasjenige Christians III. hervorheben, farbloser und unstofflicher als die Nürnberger Arbeiten, vermöge der so offenen, lockeren und schematischen Stichweise, aber lebendig aufgefaßt und interessant durch die reiche Ornamentik. Das kleinere Selbstbildnis mit dem Totenkopf wirkt wiederum merkwürdig antiquiert durch die ungefügige Zeichnung.

Hans Brosamer stammte aus Fulda, wo er zwischen 1535 und 1550 tätig war. Dann ging er nach Erfurt, wo er 1552 an der Pest gestorben sein soll. Brosamer war Maler, und als solcher wahrscheinlich in der Cranachschule großgezogen: er zeichnete auch für den Holzschnitt.

Brosamer war entschieden kein starkes Talent, aber besaß unverkennbar das aufrichtige Wollen, in dem geklärten Pfad der besten Kleinmeister weiterzuwandeln. Seine Stichweise ist nüchtern und trocken, und erreicht trotz aller technischen Sorgfalt keinen Farbenreiz oder Glanz, auch verhältnismäßig geringe Plastizität. Er führt einen derben, plebejischen Typ, der an die Cranachschule und an Schäuffelein erinnert, vor, mit kurzem Oberkörper, breiten Gliedmaßen und unregelmäßigen Zügen. Diesen begegnet man auch in seinem Hauptblatt, einem Christus am Kreuz (B. 6), vom Jahre 1542. Besonders in der Figur des Johannes, der und den Rücken zuwendet und den Kopf im Profil heraufdreht, versuchte er etwas Besonderes, Eigenes zu geben. Die Gebärde ist sprechend und doch nicht ganz gelungen. Drei Jahre später wiederholte er (B. 5) die Darstellung in kleinerem Maßstabe. Die Komposition ist einfacher, die Stellungen sind ungezwungener, die unglücklichen, wattigen Engelwolken ließ er weg, und führt anstatt mit guter graphischer Wirkung die Strahlen der Heiligenscheine bis an die Grenzen der Platte fort.

Bartsch 1 bis 3 und 18 bilden wieder eine Folge von der Weibermacht, Aristoteles und Phyllis, Simson und Delila, Salomos Götzendienst und David und Bathseba. Die kleinen Breitblätter bieten ziemlich reiche Szenen und köstlich interessante Schilderungen dar. Auffallend gut ist die perspektivische Architektur mit dem Renaissancebrunnen bei der Bathseba, desgleichen der schöne Stadthintergrund auf dem Aristotelesblatt.

Die kleine Madonna im Rund (B. 7) ist wohl etwas unbeholfen, aber gerade sie spricht uns an, da

Abb. 89. A. Altdorfer: Austreibung aus dem Tempel. H. 6.

der Künstler hier etwas Deutsch-Gemütvolles in der Empfindung für sein Bild gerettet hat. Es ist auch in dem Stiche eine der sorgfältigsten und besten Arbeiten des Meisters. Die klassischen Darstellungen, Venus und Cupido (B. 13), Herkules und Antäus (B. 14) und Laokoon (B. 15) sind ebenfalls für Brosamer gute, gediegene Leistungen. Wir können uns heute den Laokoon ohne Zusammenhang mit der berühmten antiken Gruppe im Vatikan gar nicht in Erinnerung rufen. Es zeugt davon, wie langsam der Verkehr der geistigen Hauptzentren mit entlegeneren Ortschaften sich am Anfang des sechzehnten Jahrhunderts abwickelte, wenn Brosamer offenbar von der rund 35 Jahre vorher entdeckten Gruppe noch nichts weiß. Es beleuchtet auch den Umstand, wie schwer es jener ungelehrten Zeit fiel, sich in die Antike zu versetzen, wenn wir bemerken, was Brosamer aus dem Mythus gemacht hat,

Abb. 90. A. Altdorfer: Maria und St. Anna. B. 14. (Zu Seite 78.)

wie er die Schlangen — er selbst hat nie von größeren gehört, geschweige denn solche gesehen — die Kinder, und überhaupt die ganze Situation auffaßt. Wenn verhältnismäßig so einfache Erzählungen keine annähernd klare Vorstellung erwecken konnten, dürfen wir uns nicht wundern, daß wir heute manche andere erweckte Vorstellung nicht auf deren Ausgangspunkt zurückführen können.

Im Motiv wenigstens lehnt sich das Blatt mit den beiden Liebespaaren und dem Narr (B. 16) an Beham an. Die Dramatik fehlt aber ganz: das eine Paar küßt sich, vom anderen spielt eins die Laute. Es gibt keine Aufregung. Die Landschaft, die Gläser und der Weinkühler vorn sind gut gelungen.

Im Bildnis des Abtes von Fulda (B. 23) steigt unser Künstler nicht, wie das so oft bei den Kleinmeistern eintritt, auf eine höhere Stufe. Die Auffassung ist hölzern und trocken, das feiste Gesicht wie zu Stein erstarrt. Einige der Blätter, die Bartsch aufzählt, Marcus Curtius (B. 8), die Madonna ohne Landschaft (B. 12), Der Lautenschläger (B. 17) sind kalt und grau, und anders als Brosamer sich sonst zeigt, so daß man sie ihm nicht gern zuschreiben möchte.

* * *

Binf und Brosamer stehen bereits im weiten Abstand hinter den zuerst behandelten Kleinmeistern. Wenn wir sie noch zu der Hauptgruppe zählten, so dürfen wir das damit begründen, daß sie sich wenigstens im Geist und im Trachten völlig der Kleinmeisterart anpaßten. Von Hirschvogel und Lautensack haben wir ja gefunden, daß dies nur für einen kleinen Teil ihres graphischen Werkes galt.

Wenn wir nun die große Zahl der noch in Frage kommenden Künstler von vornherein in eine zweite und dritte Reihe stellen, sie also von vornherein zu Meistern zweiten und dritten Ranges stempeln, so ist damit noch nicht in allen Fällen ein Urteil über den künstlerischen Wert ihrer Leistungen gefällt.

Abb. 91. A. Altdorfer: Jungfrau Maria. B. 15. (Zu Seite 78.)

Abb. 63. A. Altdorfer: Die Madonna im Freien. B. 17. (Zu Seite 74.)

Eine Menge dieser Stecher lebten gleichzeitig mit den besten Kleinmeistern und man findet unter ihren Werken ganz vorzügliche Arbeiten. Es handelt sich besonders um einige Künstler, deren Namen wir wiederum nicht kennen und die uns nur als Monogrammisten geläufig sind. Die mindere Bedeutung, den zweiten Rang also, sprechen wir ihnen nur zu wegen des geringen Umfanges ihrer Stechertätigkeit.

Eine zweite Gruppe schafft gelegentlich noch im Sinne der Kleinmeister, lenkt aber mit der Zeit in Gesinnung und Format von dieser Gemeinschaft ab. Eine dritte

Abb. 93. A. Altdorfer: S. Hieronymus. B. 21. (Zu Seite 73.)

verdient nichts besseres als die Bezeichnung Meister zweiten Ranges, weil die Künstlerschaft des Einzelnen, die geistige Kraft des Betreffenden, eben gering gewesen ist. Die letzte Schar endlich ist jene, die zu spät geboren, wohl in sich das Talent und den Willen fühlten, die alte Schönheit weiter auszukosten, denen aber das Zeitideal, das Streben und die Gesinnung ihrer Mitwelt wie ein Hemmschuh auflastete. Wer nach 1550 — man kann das Jahr als ungefähre Zeitgrenze angeben — schuf, hatte nicht nur unter dem etwaigen eigenen Unvermögen zu leiden, sondern unter dem Mangel an Verständnis einer Zeit, die nicht mehr das Beste haben wollte. Eine merkwürdige Rückwendung hatte sich vollzogen. Der Holzschnitt, den der Kupferstich als Volksillustration verdrängt hatte, kam wieder zu seinem Rechte. Man verlangte viel und billig, statt gut und teuer. Die schnellarbeitende Radierung ergreift die Oberhand, der mühsam-sorgfältige Stich geht ein. Die Radierung selbst aber entwickelt keinen eigenen Charakter, sondern schließt sich der Kunstweise des Holzschnittes an. Es ist bezeichnend, daß mehrere der späten Künstler, die man noch zu den Kleinmeistern rechnen kann, auf dem anderen Schaffensgebiet, in ihrer Tätigkeit als Zeichner für den Holzschnitt Bedeutenderes geleistet haben, als auf dem des Kupferstichs.

Eine Anzahl der bekannteren dieser Kleinmeister zweiten Ranges wollen wir noch betrachten. Sie sind natürlich alle Nebengestirne der Hauptsonnen und wir sehen uns zunächst einige Westdeutsche an, die mehr oder minder mit Aldegrever zusammenhängen.

Nicolas Wilborn, der in Münster (Westfalen) gearbeitet haben soll, gemahnt meist in seinen Ornamenten an Aldegrever. Ein Motiv, das dieser einführte, nämlich nur

Abb. 94. A. Altdorfer: Maria im Tempel (?). B. 24.
(Zu Seite 73.)

Abb. 95. A. Altdorfer: Kampf von Satyrn um eine Nymphe. B. 39.
(Zu Seite 74.)

die Hälfte eines Ornamentes, das sich nach rechts oder links zu im Spiegelbild verdoppelt, greift Wilborn in seinem aufsteigenden Ornamentblatt (B. 14) auf und baut es aus. Es ist der Anfang jener Ornamentzeichenkunst, die unser moderner Tapetendruck zur Blüte brachte und die ein Motiv im Viereck so komponiert, daß es sich nach jeder Seite zu bis ins Unendliche fortsetzen läßt, in dem einfach Kante an Kante gelegt wird. Auf der Dolchscheide (P. 27) ersetzt Wilborn innere Erfindungskraft durch äußerliche Fülle der Erfindung, und bildet auf jeder Seite des Dolches nicht wie die älteren Meister je eine, sondern gleich zwei Figuren. Die Verdoppelung ist aber sinnlos und bildet keine Verstärkung, höchstens unten in den kleinen Figuren, wo er jetzt den Sündenfall, der ja zwei Figuren bedingt, in seinen Darstellungskreis aufnehmen kann.

Im übrigen ist Wilborn manieriert in der Zeichnung und geringwertiger in seiner Stichtechnik. Die Errungenschaft der fein durchgebildeten Kreuzlage gibt er wieder auf. Seine Kopien von Aldegrevers Johann von Leiden und Knipperdolling sind vergröbert, trotzdem er das Format stark verkleinerte. Er schuf auch eine Reihe von Kopien nach Stichen des Jacopo de' Barbari. Sie gehören zu den Besten, was er geleistet hat, da er wenigstens im Geist der Technik, wenn auch nicht der Zeichnung seinem Vorbild getreulich folgt. Er ist aber selbst bei so einfachen Kopien glatt und marklos. Im Ornament zeigt er sich auf einigen Gebieten wenigstens als originaler Künstler und er fällt auf durch die Größe einzelner Ornamentteile, z. B. einiger Blätter in seinen Füllungen.

Abb. 96. A. Altdorfer: Triton und Nereide. B. 39.

Noch weniger erfreulich im ganzen genommen sind die Leistungen des Hans Ladenspelder von Essen, der 1511 in Essen zur Welt kam und nach 1560 in Köln gestorben sein soll. Kopien nach einigen der sogenannten „Tarocchi" weisen auf eine Kenntnis italienischer Kunst hin, wenngleich es klar ist, daß der Einfluß schwach ist und daher nicht etwa auf einem Besuch Italiens selbst beruht. Sein Hauptblatt, eine Dreifaltigkeit (B. 4) von Engeln umrahmt, die die Leidenswerkzeuge halten, stößt uns durch die unschönen

Abb. 97. A. Altdorfer: Fahnenträger B. 58.

Typen, die geschraubte Empfindung und die flache, daher grautonige Stichweise ab. Das Format des großen Blattes entzieht es eigentlich unserer Betrachtung. Dieselben groben Züge und Manieriertheit der Bewegung lehren aber in den kleineren Blättern wieder, z. B. in dem Sündenfall (P. 3) in einer mandelförmigen Einfassung und der Kreuzabnahme (P. 5). Der Künstler entfernt sich weit von der Natur, ohne sich einem ästhetisch-stilistischen Prinzip von irgendwelcher geistigen Bedeutung zu unterwerfen. Es ist die schrullenhafte Willkür des Minderbegabten, die hier zutage tritt. Die Evangelisten (P. 14—17) sind geradezu in unangenehm herausfordernder Weise modernisiert. In der Bekehrung Pauli (P. 8) werden die italienischen Anklänge durch die unschöne Formensprache paralysiert.

Harmonischer, wenn auch sich innerhalb engerer Grenzen bewegend als diese zwei, erscheint Gilich Kilian Proger. Er ist einer der wenigen Stecher des sechzehnten Jahrhunderts, die zugleich Goldschmiede waren, von dessen Tätigkeit auf letzterem Gebiet sich etwas bis in unsere Tage erhalten hat. 1821 wurde eine Tabaksdose, von ihm gefertigt, in Leipzig versteigert. In seinem Stecherwerk ist er nur Ornamentkünstler von wenig Erfindung, da er sich meist stark an Albegrever anlehnt, aber recht tüchtig und einer, der wenigstens in seinen besten Sachen den Vorbildern ziemlich ebenbürtig arbeitet. Gelegentlich führt er eine etwas naturalistischer gehaltene Tierfigur in seine Grotesken ein. In der Hauptsache schafft er aufsteigende und breitliegende Ornamentstreifen, sogenannte Füllungen, ferner eine Dolchscheide, ein Tierbild und einige Arabesken. Seine Stichweise bleibt bei aller Sorgfalt farblos und unstofflich. Die Figurenzeichnung ist nicht eben stark; er verwendet öfter das Ovalformat, das bei Albegrever nicht vorkommt.

Ein Meister M T — ohne ausreichenden Grund Martin Treu genannt — ahmte in seinen letzten datierten Stichen Albegreversche Ornamente nach, sonst weisen viele

Abb. 93. Augustin Hirschvogel: Landschaft mit einer Kirche. B. 68. (Zu Seite 75.)

Abb. 100. Augustin Hirschvogel: Landschaft mit Burgen. B. 74. (Zu Seite 75.)

Zeichen in seinen Arbeiten darauf hin, daß er Beziehungen zur sächsischen Schule gehabt haben mag. Im ganzen kennen wir über fünfzig Blatt von ihm und deren Gesamtaussehen paßt völlig zu dem eigentlichen Charakter der Kleinmeister. Leider ist er aber ein unintelligenter Zeichner und überhaupt kein bemerkenswerter Geist. Es ist auffällig, daß gerade er, der unbeholfen und schwerfällig entwirft, die Geschichte vom verlorenen Sohn bis zu zwölf Blatt (B. 3 bis 14) ausbauen sollte. Denn selbst in der Szene, wo der verlorene Sohn sein Hab und Gut verpraßt, ist MT leb- und temperamentlos. Auf den fünf weisen Jungfrauen (B. 2) vom Jahre 1540 sind die Gesichter besonders schlecht: es ist eine kleine, sowie kleinliche Kunst, die wir hier zu sehen bekommen. Wenn man seine tanzenden Bauern (B. 15—23) neben die Blätter der Beham stellt, so ist es, als wollte man grobe Volksbilderbogen neben die Holzschnitte Vogels oder Unzelmanns nach Menzel halten. Wie die meisten echten Kleinmeister schuf MT auch mehrere Blätter mit derben Späßen und pikante Darstellungen.

Weit in der Welt herumgekommen ist der Maler, Kupferstecher, Holzschneider und Goldschmied Melchior Lorch, der 1527 in Flensburg geboren wurde und bei einem Lübecker Goldschmied in die Lehre ging. Er kam nach Wien und Augsburg, bereiste die Niederlande, zog dann nach Verona, Bologna, Florenz und Rom und besuchte schließlich noch Konstantinopel. Hier hat er manches gezeichnet, es wurde aber erst nach seinem Tod aufs Kupfer gebracht und erschien 1626 in Hamburg. Wie mancher dieser späteren Meister hat Lorch nicht nur für den Holzschnitt gezeichnet, sondern gelegentlich selbst das Messer wieder in die Hand genommen, um auf dem Stock zu arbeiten. Und ferner wie bei den meisten Künstlern seiner späten Generation ist das Holzschnittwerk eigentlich besser als die gestochenen Blätter. 1582 trat er in die Dienste des dänischen Hofes; erst nach 1589 ist er gestorben.

Lorch kopierte mancherlei nach Aldegrever und Dürer, nach letzterem z. B. den Hieronymus unter dem Weidenbaum, den er stark verkleinerte und dessen künstlerische Eigenart er gar nicht erfaßte, da er die Kaltnadelarbeit mittels des Stichels wiederzugeben versuchte. Seine sorgsamste und technisch ganz vorzügliche Leistung ist wohl der Gekreuzigte (B. 8) nach einer Studie Michelangelos Buonarrotis zu seinem Jüngsten Gericht. Die Härte, die ihm anhaftet, entspringt mangelndem Verständnis, nicht der Leichtfertigkeit oder dem Mangel an Hingebung. Einige Tierstücke, der Basilisk (B. 3, Abb. 106), der Maulwurf (B. 5) stehen, dem Vorwurf entsprechend, nicht ganz auf dieser Höhe. Das Medaillonbildnis Dürers (B. 10) ist leer und hart, aber das Lutherbildnis (B. 12) spricht gerade durch den Mangel an bloßer Geschicklichkeit und durch seine Einfachheit an. Die schlichte, helle Beleuchtung läßt es älter erscheinen als es ist; die Arbeit ist ernst ohne jedweden Firlefanz. Vorgeschrittener, aber deswegen doch nicht angenehmer, sind die Bildnisse Friedrichs II. von Dänemark (B. 17), Hubert Golzius' ic. Die orientalischen Bildnisse haben im wesentlichen kulturgeschichtliches Interesse. Auf dem Blatt mit dem Dudelsackpfeifer (B. 7) zeigt sich Lorch in Auffassung und Technik von einer viel berberen, gröberen Seite. Das Blatt ist vielleicht die Illustration eines

Abb. 101. Hans Sebald Lautensack: Hieronymus Schürstab. B 7. (Zu Seite 76.)

Volksliedes oder einer Erzählung, die uns nicht mehr geläufig ist. Lediglich um für den ungelehrten Verstand klar und leicht faßlich zu erzählen, zeichnet Lorch seine Stechfliegen etwa zehnmal so groß als sie sein dürften, wollte er die richtigen Verhältnisse einhalten.

Was sich noch an Kleinmeistern in engere Beziehung zu Nürnberg bringen läßt, weist ein höheres künstlerisches Niveau auf als diese west- und norddeutschen Stecher. In erster Linie ist Ludwig Krug zu nennen, dessen Name oben im Zusammenhang mit dem Gerichtsfall bereits vorkam. Krug war ein reiches, vielseitiges Talent, das noch zur besten Zeit, also zwischen 1510 und 1535, zu Nürnberg tätig war. Seine Geburt Jesu (B. 1) mit Engeln und dem Hirt fällt ganz bedeutsam durch das für die Kleinmeisterkunst äußerst ungewöhnliche Beleuchtungsproblem auf. Ein magisches, naturalistisch nicht erklärtes Licht geht vom Körper des Jesuskindchens aus. Die Aufgabe ist also eine so spezifisch malerische, d. h. in der Technik der farbigen Ölmalerei gedachte, daß man fast glauben möchte, Krug habe nach seinem eigenen Ölbild gestochen. In der

Anbetung der Könige (B. 2) steckt viel vom feinen Geist der Kleinmeister und doch spürt man eine Kluft zwischen Wollen und Können: er versucht etwas in die Figur hineinzulegen, das er sich selbst noch nicht völlig zu eigen gemacht hat. Die Zeichnung entbehrt ferner des großen Flusses, was uns auch bei der schönen Madonna (B. 7) in der Mandorla und dem Johannes auf Patmos (B. 9) aufstößt. Wir würden solche Blätter ausgezeichnet nennen, wenn sie 1500 statt 1515 entstanden wären. Aber neben und nach den Kleinmeistern berührt uns dieser Archaismus unangenehm und

Abb. 102. Hans Sebald Lautensack: Das Felsenstück H. 25. (Zu Seite 76.)

wir fühlen, die Eckigkeit ist nicht die seiner Zeit, sondern seiner Person; er besitzt nicht das Können seiner Zeit. Man schätzt sein Wollen höher als sein Können.

Interessant sind wiederum als Aktstudien die zwei nackten Frauen mit Stundenglas und Totenkopf (B. 11) und die sogenannte Badende (B. 12). Unser Künstler versucht auf einer etwas weichlichen Vorstellungsgrundlage die Form herauszuarbeiten. Er sieht viel Form und kann die Natur in ihrer Vielfältigkeit recht gut gliedern und vereinfachen. Es fehlt ihm aber die sichere, feste Hand, das, was er sieht auch gut und streng wiederzugeben; es liegt bei ihm mehr am Ausgeben als am rezeptiven Empfinden, daß manches nicht ganz gelingt.

Krugs Stichweise ist matt und kartonartig, grau in grau. Vielleicht liegt bei ihm und ähnlichen Erscheinungen der Einfluß der Stiche Jacopo de' Barbaris vor. Die

Abb. 103. Hans Sebald Lautensack: Landschaft mit einer Kirche. B. 42. (Zu Seite 76.)

Kreuzlage wird nach Möglichkeit vermieden und die einzelne Linie schwillt kaum an. Die Blätter ähneln gewissermaßen regelmäßig gearbeiteten Kaltnadelradierungen, bei denen der „Grat" entfernt worden ist.

Kaum einer der späteren Künstler ehrt die technischen Errungenschaften des Kleinmeisterstichs so lange und so rein wie Franz Brun. Es ist höchst auffällig, wie der ideenarme, zeichnerisch nicht sehr begabte Meister noch die sechziger Jahre hindurch mit sauberer Sorgfalt und offenbarer Liebe den Grabstichel handhabt, ohne je schluderig zu werden. Schade, daß er nichts Rechtes mehr mit seinen Vorwürfen anzufangen wußte. Wir verdanken ihm eine Apostelfolge, die Musen, die Monate; dann viele interessante Trachtenbilder in Gestalt von einer Soldatenfolge (B. 37 bis 52), von Narren (B. 83 bis 86), von Turnierhelden (B. 60 u. 61) und von Türken (B. 88 u. 89). Bei diesen Trachtenfolgen übrigens zeigt sich schon der Geist der Spätzeit deutlich an. Nicht einmal die Soldaten von 1559 sind ganz naiv, sondern zum Teil wenigstens aufgeputzt. Viele stolzieren recht theaterhaft einher. Es ist die alte Sache: Brun denkt daran, daß seine Vorläufer mit solchen Gestalten Erfolg hatten und er will es ihnen nachmachen. Der Gedanke an das gleiche Endziel, nicht an das Schaffen selbst ist zur Hauptsache geworden. Die Turnierhelden sind offenkundige Mummerei. Da steckt die Theaterspielerei, die Sucht sich auszupuhen, und zwar nach der romantisch-geschichtlichen, nicht etwa der einfach ästhetisch-schönen Seite hin, bereits in Bruns Vorbildern, die er abkonterfeite. Die Blätter mit türkischen Gestalten stehen unter dem Zeichen der Curiosa- und Neuigkeitsverbreitung, nicht unter dem der reinen Kunst. Aber wie gesagt, ist alles wenigstens noch gewissenhaft technisch

Abb. 104. Jacob Binf: Die Soldatenfamilie. B. 47. (Zu Seite 76.)

erledigt. In diesem Punkt genügt nur Bruns Dorfhochzeit (B. 63 bis 74) nicht. Sie besteht aus den Musikanten und 23 Tänzerpaaren. Der Meister hat viele Motive frei nach Sebald Behams Bauernhochzeit kopiert.

Merkwürdig ist noch die „Melancolia" vom Jahre 1561. Die Frau ist lediglich zur Allegorie auf die Perspektiv- und Rechenkunst geworden. Hierauf allein deuten die wenigen Attribute, die ihr Brun belassen hat. Das läßt uns klar erkennen, was eigentlich der Sinn der Dürerischen Melancolia ist, die er nur, höchstwahrscheinlich auf Grund der Angabe eines seiner humanistischen Freunde, viel mehr ins einzelne gehend, darstellte. Die Melancholie war für das sechzehnte Jahrhundert nicht etwa das schwermütige, sondern nur das wissenschaftliche Grübeln. Der Begriff war nicht mit einem pathologischen Zustand der Seele verbunden, sondern mit der angestrengten Tätigkeit des forschenden Geistes. Auch in den Tier- und Jagdstücken waltet eine recht hübsche Sorgfalt betreffs der Stiltechnik bei Brun vor. Er kopierte unter anderem die „Meerkatze" aus Dürers bekannter Madonna mit der Meerkatze.

Abb. 103. Jacob Bink: Die würfelnden Soldaten. B. 74. (Zu Seite 76.)

Martin Plegind war auch in Süddeutschland, und zwar noch später als Brun ganz bis ans Ende des Jahrhunderts tätig. Er war Goldschmied und vielleicht Miniaturmaler. Ein großer Teil seines Werkes besteht aus Vorlagestichen für das Goldschmiedegewerbe. Sonst schuf er viele Trachtenbilder, darunter zahlreiche Kopien nach Ammau und sogar nach Goltzius-de Gheyn. Die Zeichnung ist schwach, die Erfindung bei ihm sowohl wie bei seinen Vorbildern selten erfreulich; er verdient nur deshalb hervorgehoben zu werden, weil er wie Brun und trotzdem er sogar noch später als dieser ist, die alte Achtung vor den Errungenschaften der Grabsticheltechnik bewahrt. Auch er wird wenigstens in seiner Stichelführung nicht nachlässig.

Das aber, die flüchtige Nachlässigkeit, ist die bedenkliche Eigenschaft, wodurch sich Virgil Solis, Balthasar Jenichen und Jost Amman auszeichnen. Mit diesen drei Meistern können wir unsere Betrachtungen schließen, da sie alle noch in einem unmittelbaren Zusammenhang zur Kleinmeisterkunst stehen, sie aber völlig auflösen, indem sie

Abb. 104. Melchior Lorch: Der Basilisk. H. 3. (Zu Seite 84.)

an Stelle der Gewissenhaftigkeit eine ominöse Fruchtbarkeit setzen, die Liebe für allerdings mühsame aber auch glänzende, wirkungsvolle Technik ganz verlieren und sich jenen Ausartungen, die schließlich jede künstlerische Entwicklung, also auch den Kleinmeisterstich zeitigen muß, völlig überantworteten. An ihren Sünden tragen sie nicht allein schuld, sondern ihre Zeit mit ihnen: sie ließen sich treiben und lieferten schließlich eine Kunst, was und wie sie verlangt wurde.

Das Schaffen dieser Meister steht unter dem Zeichen der Massenproduktion. Den Stichel, der sich hierzu nicht hergibt, lassen sie allmählich ganz fort-

Abb. 107. Virgil Solis: Die acht Tugenden. H. 198. (Zu Seite 90.)

fallen und greifen, wie schon gesagt, zur Ätzkunst, mit der man viel eher dem Verlangen nach viel für billigen Preis entsprechen kann. Solis schuf allein etwa 500 Kupfer, Amman rund 200 (daneben aber ebensoviele Einzelholzschnitte und die Gesamtillustration von beiläufig 80 Büchern, unter denen manches einzelne allein 200 Bilder aufweist!). Man hat die kolossale Produktion und die flüchtige Arbeit dieser Künstler unter anderem dadurch erklären wollen, daß man annahm, sie schüfen viel von ihren Arbeiten nur als Bilderchen zum Ausmalen. Groß und klein unterhielt sich damit, die Blätter auszutuschen, und daß sie als Spielzeug gewissermaßen dienten, würde auch einen Anhalt zur Erklärung ihrer Seltenheit geben, denn als unwichtiges Spielzeug fielen sie leicht der Zerstörung anheim.

Virgil Solis, der älteste dieser drei, beweist wieder einmal, daß sich die geschichtliche Entwicklung gar nicht streng an die Zeitfolge bindet, denn er ist bereits 1514 in Nürnberg geboren und starb dort 1562. Trotzdem um ihn herum und namentlich in ferneren Gegenden Deutschlands der Kleinmeisterstich sich noch auf dem Zenit oder womöglich noch in der aufsteigenden Linie befindet, ist es ganz zweifellos, daß er nicht nur den Verfall schon einleitet, sondern ziemlich weit führt (Abb. 107 bis 110).

Seine Tugend, soweit man bei ihm von Tugend sprechen kann, ist seine Vielseitigkeit und seine Erfindungsgabe. Was für eine Art Erfindungsreichtum ist das aber, für den er gepriesen wurde? Er kommt nicht von innen heraus; er drängt nicht, sondern scheint uns überlegt; er wandelt die Möglichkeiten ab, wie ein Mathematiker. Solis hat uns eine Menge von Planetenfolgen gegeben; hätte er die Zeit und künstlerische Kraft, die er an alle die vielen Blätter wendete, an eine einzige Folge gesetzt, sie wäre vielleicht gut geworden. Nebenbei bemerkt, befinden sich unter diesen Folgen auch Kopien nach Sebald Beham (B. 149 bis 155) und dem Meister I B (B. 136 bis 162).

Abb. 108. Virgil Solis: Hochzeitstänzer. H. 224. (Zu Seite 90.)

Abb. 109. Virgil Solis: Hochzeitstänzer. B. 226. (Zu Seite 90.)

Aber wenn sie auch alle von ihm selbst herrührten, uns interessiert doch nicht, auf wie vielerlei Weise man eine Sache machen kann, sondern wie g u t sie gemacht werden kann.

Das Haupttummelfeld Virgil Solis' schöpferischer Einbildungskraft ist die Ornamentik (Abb. 111) und die Architektur. Wenn er uns aber trotz des Reichtums mißfällt, so tadeln wir seine Zeit mit ihm. Jedes feinere Formgefühl geht mit ihm verloren; aus dem Reichtum wird die Überfüllung. Es fehlt ihm das, ohne dem auch die Phantasie nichts

Abb. 110. Virgil Solis nach Georg Penz: Aristoteles und Phyllis. B. 226. (Zu Seite 90.)

Ersprießliches auszurichten vermag, — der Geschmack. Wie schwerfällig, in protziger Zusammenstellung aufgehäuft, sind seine Architekturen (B. 352 bis 363). Wohl in Nachahmung der Italiener, die auf großen Platten die antiken Monumente Roms nebeneinander stellten, setzt Solis Bauform an Bauform. Aber er reduziert die Plattengröße und das archäologische Interesse fällt bei seinen Phantasiebauten fort.

Die Ornamentik ist genau so schwerfällig. Sie erdrückt fast stets das Bild. Man sehe daraufhin die Athalia (B. 16), die Frauen (B. 105 u. 106) die Musen (B. 113 bis 121), die Planeten (B. 156 bis 162) an. (Unter den Ausnahmen steht die prachtvolle Kartusche zu dem Bildnis des Herzogs August von Sachsen B. 430 voran.) Das Gefühl für das richtige Verhältnis zwischen Ornament und Figur, sowie zwischen Figur und Platte geht ihm ab.

Selbst bei den zahllosen Tierbildern (B. 364 bis 400) erwärmt uns die Erfindungsgabe Solis' nicht, wenn sie uns auch in Erstaunen versetzen kann.

Abb. 111. Virgil Solis: Wappen. N. 551. (Zu Seite 91.)

Des kolossal fruchtbaren Amman — 1539 in Zürich geboren, seit 1560 in Nürnberg tätig, wo er 1591 starb — Hauptbedeutung liegt, wie aus der oben angegebenen Zahl seiner Leistungen hervorgeht, auf dem Gebiet des Holzschnitts. Kleinmeisterlich sind seine zwölf merkwürdigen Frauen (B. 1 bis 12), seine antiken Krieger, seine Jagdfriese, seine Fechterpaare und Zweikämpfe der Handwerker, einige Ornamentblätter 2c. Das Schwülstig-Theatralische an diesen radierten Arbeiten verdirbt sie uns. Die merkwürdigen Frauen sind nicht im geringsten dem Sinne der Beischriften angepaßt. „Jahel, die redlich" geht in Tänzerschrittchen einher. Die Handwerker duellieren sich mit ihrem Werkzeug anstatt der Waffen: sie sind etwas interessanter, in Breit-Ovalen radiert, ziemlich flüchtig gehalten, aber mit einigem Humor und wenigstens ohne das theatralische Getue gezeichnet.

Ammans Bildnisse sind zu groß, um noch vom Gesichtswinkel der Kleinmeisterkunst aus betrachtet werden zu dürfen. Von der großen Folge bayerischer Kurfürsten, eine Reihe verlogen theatralischer Kostümfiguren, gilt dasselbe.

Am allerwenigsten interessiert uns Balthasar Jenichens fabrikmäßig hergestellte Dutzendware. Die Bildnisse der Reformatoren z. B. sind ganz dürftig und roh radierte kleine Blätter — manche wenig mehr als konturiert — die kaum einen ikonographischen Wert besitzen, geschweige denn uns einen ästhetischen Genuß verschaffen können (Abb. 112 u. 113).

* * *

Am Schluß der Betrachtung der deutschen Kleinmeisterkunst mag wenigstens mit ein paar Zeilen auf die entsprechenden Erscheinungen anderer Länder hingewiesen sein.
In Italien allerdings findet man kaum ein Seitenstück hierzu: man möchte am ehesten noch an die Niellenkunst des sechzehnten Jahrhunderts denken, an Meister also,

Abb. 112. B. Jenichen: Herzog Johann Ernst von Sachsen.
Aus Pass. 65. (Zu Seite 92.)

wie Peregrino da Cesena, dem wir nicht Abdrücke wirklicher Nielloplatten, sondern Kupferstichvorlagen für Nielatoren verdanken. Sonst ist, auch wenn er sich zufällig einmal in kleinerem Format bewegt, der italienische Kupferstich eines ganz anderen Geistes Kind. Er erreicht überhaupt nicht die selbständige Abgeschlossenheit der deutschen Kleinmeister und pflegt nicht die kulturgeschichtlichen Aufgaben, die dieser sich setzte. Er stellt sich von vornherein in den Dienst der monumentalen Kunst und in zweiter Linie der Archäologie. Die künstlerische Erfindung ist in weitaus der Mehrzahl der Fälle bereits abgeschlossen gewesen, ehe der Stichel oder die Radiernadel in Frage kommt: gegenüber dem deutschen Stich ist nur ein kleiner Teil der Werke von demjenigen, der sie ausgeführt, ursprünglich erfunden.

In Frankreich dagegen blühte die Kleinmeisterkunst in hohem Grade. Das Kennzeichen späterer französischer Kultur, die Grazie, machte sich schon damals deutlich bemerkbar. Für die zeichnerischen Typen und die Kompositionsweise lassen sich oft italienische Vorbilder heranziehen. Für die Stichbehandlung und die zugrundeliegende künstlerische

Auffassung sind Dürer und die deutschen Kleinmeister unleugbare Vorbilder. Die vornehmsten Vertreter sind Duvet, der allerdings meist das Kleinmeisterformat überschreitet, J. de Gourmont und G. de Reverdy, Androuet Ducerceau, durch Architekturen und Architekturornamentik berühmt, P. Woeiriot, der unter anderem prachtvolle Vorlagen für Schmuck stach und der äußerst fruchtbare Etienne Delaune, der in der Figurenzeichnung wohl etwas manieriert war, aber durch technisches Geschick und Gediegenheit, sowie durch seine großartige Phantasie auf ornamentalem Gebiet erfreut.

In den Niederlanden spielt die Kleinmeisterkunst eine beinahe ebenso bedeutende Rolle wie in Deutschland. Dürer, Lukas von Leiden und die deutschen Kleinmeister selbst beherrschen sie, insoweit nicht, wie beim frühen Meister S, einige Fäden sich direkt auf den Stich des fünfzehnten Jahrhunderts zurückführen lassen. Farblos und flau ist wohl Cornelis Matsijs, ein unpersönlicher Kopist der Allaert Claes, den man

Abb. 118. B. Jenichen: Joachim Camerarius.
Aus Paff. 71. (Zu Seite 92.)

stets unserem Wink zur Seite gestellt hat, aber in dem Meister mit dem Krebs, und besonders in Dierick Vellert (früher Dierick van Star genannt) erkennen wir ganz bedeutende Künstler unserer Richtung, in den Monogrammisten G I und I W ungewöhnlich interessante Ornamentiker.

Es sei also, durch Nennung dieser Hauptnamen, dem Leser ein Wink gegeben, wonach er suchen muß, wenn er ferner auch nach den fremdländischen Erscheinungen, die unserer deutschen Kunst der Kleinmeister entsprechen, forschen will.

Verzeichnis der Abbildungen

	Seite
Aldegrever, H., Urteil des Salomo	58
Susanna und die Ältesten vor dem Richter	59
Delila und Simson	60
Die Verkündigung	60
Madonna	61
Madonna	62
Der Evangelist Johannes	63
Tarquinius und Lucretia	64
Titus Manlius	65
Mars	66
Herkules und Antäus	67
Der Tod und der Bischof	68
Vornehmes Hochzeits-Tänzerpaar	68
Hochzeitsmusikanten	69
Der Landsknecht	70
Albert von der Helle	71
Querfüllung	72
Hochfüllung	73
Kinderspiele	74
Die Schwertscheide	75
Groteske	76
Hochfüllung	77
Altdorfer, A., Ruhe auf der Flucht nach Ägypten	78
Austreibung aus dem Tempel	78
Maria und S. Anna	79
Jungfrau Maria	79
Die Madonna im Freien	80
S. Hieronymus	81
Maria im Tempel (?)	82
Kampf von Satyrn um eine Nymphe	82
Triton und Nereide	82
Fahnenträger	82
Landschaft	83
Beham, Barthel, Die Madonna im Fenster	2
Madonna	4
Der heilige Christophorus	4
Kampf nackter Männer	5
Kampf nackter Männer	6
Kampf nackter Männer	7
Der Geizhals	8

	Seite
Die drei Soldaten	9
Der Hellebardier zu Pferd	9
Kaiser Karl V.	10
Kaiser Ferdinand I.	11
Beham, Sebald, Moses und Aaron	16
Die Hochzeit zu Kana	17
Jesus bei Simon dem Pharisäer	17
Der verlorene Sohn verpraßt seine Habe	18
Rückkehr des verlorenen Sohnes	18
Der Raub der Helena	19
Trajan	20
Herakles tötet den Cacus	21
Die Melancholie	22
Das Glück	23
Das Unglück	23
Das Unmögliche	24
Der Tod als Narr mit der jungen Frau	25
Die junge Frau und der Tod	25
Sechs Blatt aus dem Hochzeitszug	26
Neun Blatt aus der Dorfhochzeit	27
	29
Die große Dorfhochzeit	30
	31
Der Marktbauer	32
Die Marktbäuerin	33
Die Wetterbauern	33
Die drei Landsknechte	34
Der Trommler und der Fähnrich	35
Die beiden Liebespaare und der Narr	35
Proportionsstudie eines männlichen Kopfes	36
Proportionsstudie eines weiblichen Kopfes	37
Das lateinische Alphabet	38
Der Schall mit der Bandrolle	38
Ornament mit Maske	39
Pokal	40
Das Wappen des Künstlers	40
Phantasiewappen	40
Bink, Jakob, Die Soldatenfamilie	88
Die würfelnden Soldaten	89
Hirschvogel, Augustin, Landschaft mit einer Kirche	84
Landschaft mit Burgen	85

Verzeichnis der Abbildungen.

	Seite		Seite
Jenichen, B., Herzog Johann Ernst von Sachsen	92	Die Arbeiter im Weinberge	44
Joachim Camerarius	93	„Lasset die Kindlein zu mir kommen."	45
Lautensack, Hans Sebald, Hieronymus Schürstab	86	Die Königin Thomiris mit dem Haupte des Cyrus	46
		Medea und Jason	47
Das Felsenschloß	87	Prokris wird von Cephalus getötet	48
Landschaft mit einer Kirche	88	Mutius Scävola	49
Lorch, Melchior, Der Basilist	89	Lucretia sich tötend	50
Monogrammist IB, Marcus Curtius	12	Horatius Cocles	51
Planet Luna	13	Porsenna	52
Der Gladiatorenkampf	14	Artemisia	53
Der Dudelsackpfeifer	15	Virginius seine Tochter tötend	54
Der Marktbauer	15	Thetis und Cheiron	55
Penz, Georg, Joseph erzählt seine Träume	41	Der Triumph des Todes	57
Salomos Götzendienst	42	Solis, Virgil, Die acht Tugenden	90
Holofernes und Judith	42	Hochzeitstänzer	90
Judith tötet Holofernes	43	Aristoteles und Phyllis	91
Herodias	43	Wappen	91